Ikegami Akira

【池上氏の研究室】

池上氏の研究室を大公開!

すべてを独力でこなす池上式ノウハウ

東京工業大学の研究室。机もテーブルも本であふれている。
池上氏に秘書はおらず、スケジュール管理も自ら行う

研究室の書棚

【池上氏の読み方】

新聞10紙は紙で読む

1日にかける時間は朝20分＋夜1時間

新聞は朝と夜に分けて、毎日丹念に目を通す

気になる記事はページごと破り、見出しが見えるように折ってクリアファイルに

同じジャンルの記事は、1つのクリアファイルに。
記事が増えれば、ジャンルとファイルを細分化

同じテーマなら雑誌や海外紙、
その他の資料も一緒に保存する

書棚にも新聞があふれる。記事はしばらく寝かせて、ニュースバリューを時間に判断してもらう

【池上氏の書棚】

本に囲まれた研究室

別の仕事場には、さらに約2万冊の蔵書

テーブル一面に広がる書籍、雑誌、書類。
出版社から届く献本も多い

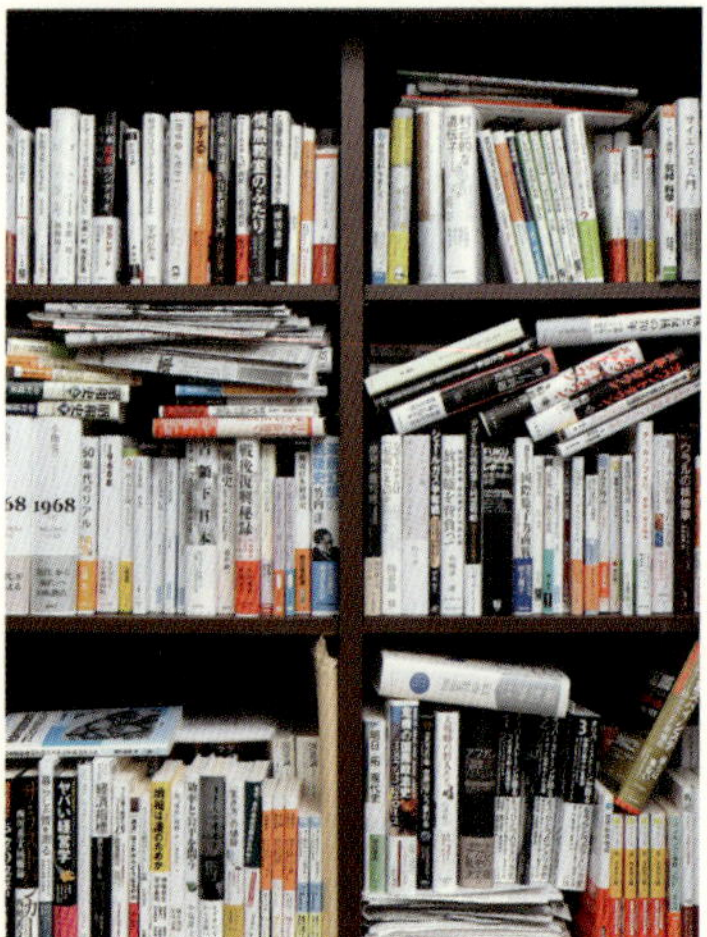

書棚に並ぶ本からは関心の広さがうかがえる

新しくニュースになるテーマは
徹底的に書籍を読んで勉強する

佐藤氏の著書も発見

研究室にある雑誌棚にはバックナンバーも並ぶ

【池上氏の仕事アイテム】

ネットは最小限、アナログ重視

世界の取材先で集めた国際色豊かな小物グッズも

研究室用のノートパソコン。執筆は自宅のパソコンで。
大学関係の雑務もすべて自分でこなす

最近、使いはじめたアイフォン。
通話は、話しやすいガラケーを使用

池上氏のアイフォンのホーム画面。
移動中は読書時間にあて、スマホはほぼ見ない

本を読みながら気になる箇所には
線を引いたりページの角を折ったりする

A4のコピー用紙を四つ折りにして本に挟み、
速記用のシャーペンでメモする

マサチューセッツ工科大(MIT)やヨルダンなどで購入したマグカップ。
取材先で、ユニークな小物を見つけると、つい買ってしまう
(左から、MIT「オタク魂」、ヨルダン「怒れるアラブ人」、東工大「窓ツバメ(大学のシンボルマーク)」、
MIT「カフェインの構造式」、MIT「旧約聖書の冒頭"光あれ"を表す物理式」)

切断されていない米1ドル紙幣。
経済学の授業で「お金」の説明に使う

インフレが進むイランの紙幣(肖像はホメイニ師)。
左から50万、10万(3枚)、5万リヤル

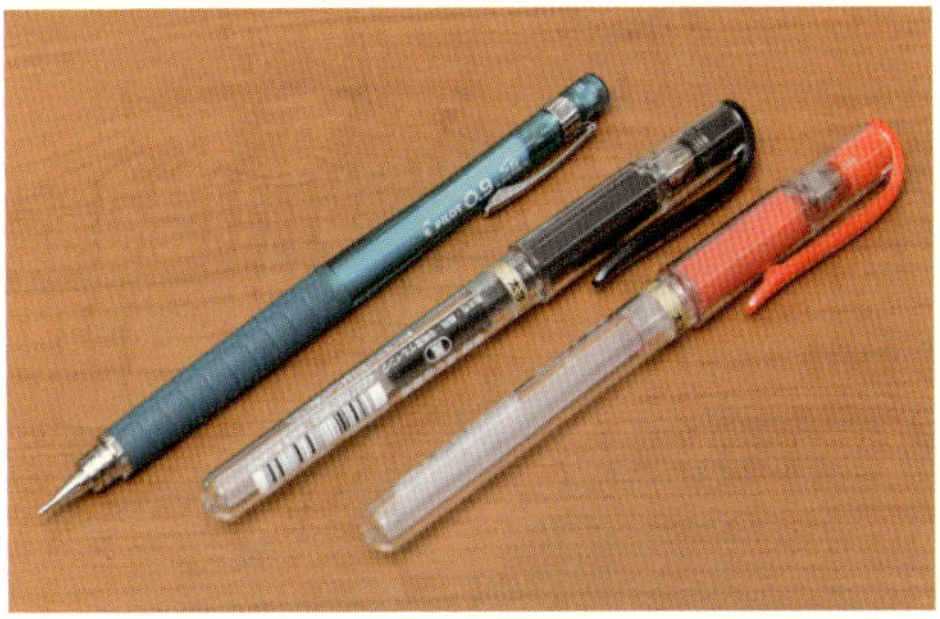

シャーペンの芯の太さは0.9ミリ、濃さは2Bを愛用。
「太字」のボールペンは試験の採点にも使う

オバマ氏の顔が印刷された
トイレットペーパーまで

レバノン取材でシーア派のイスラム原理主義組織
「ヒズボラ」の集会に潜入した際に購入した旗。
偶像崇拝を絶対否定するスンニ派では
ありえない絵。黄色い旗はヒズボラのマーク

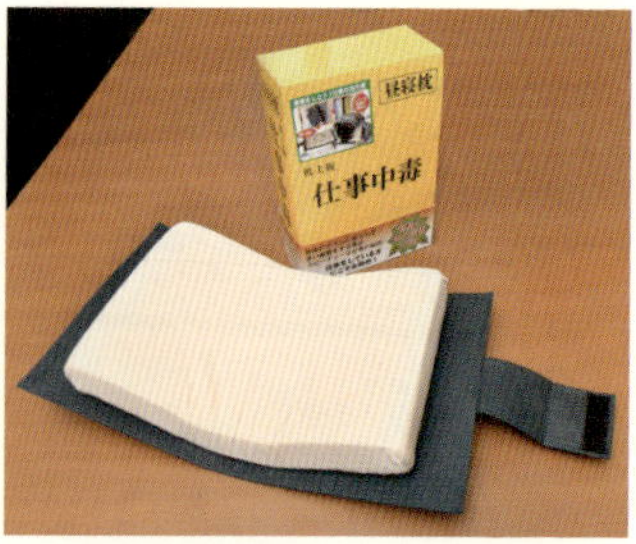

大学の職員が誕生日に贈ってくれた
辞典型の箱に入った机上枕。
忙しくて、まだ昼寝に使ったことはない

日本トルコ文化交流会から贈られたトルコ絨毯。
トルコ語で感謝の言葉が綴られている。
生涯ジャーナリストとして今日も世界中を飛び回る

Sato Masaru

【佐藤氏の仕事場】

佐藤氏の仕事場を大公開!

「アナログとデジタル」最強の使い分け

ノートパソコンやアイパッドなど、最新の機器はフルに活用する。
池上氏同様、佐藤氏にも秘書はおらず、すべてを独りでこなす

自宅の書斎とは別に、仕事場が計4箇所ある

【佐藤氏の読み方】

新聞の約8割は電子版で読む

世の中を「知る」には新聞が不可欠

2年ほど前から、約8割の新聞を電子版に切り替え、アイパッドやパソコンで読む。
気になる記事は、コピー&ペーストが簡単なパソコンで「エバーノート」に保存

写真は2008年当時の仕事場。
昔は書棚も、新聞でいっぱいだった

画面をワンクリックで保存する機能は使わず、
記事をコピー&ペーストするほうが記憶に残る

新聞を読むときに使う懐中時計。
ストップウォッチを使うこともある

雑誌は「dマガジン」で読むことも多くなった

電子書籍も活用するが、
あくまで紙で読んだ本を
2冊目として買う

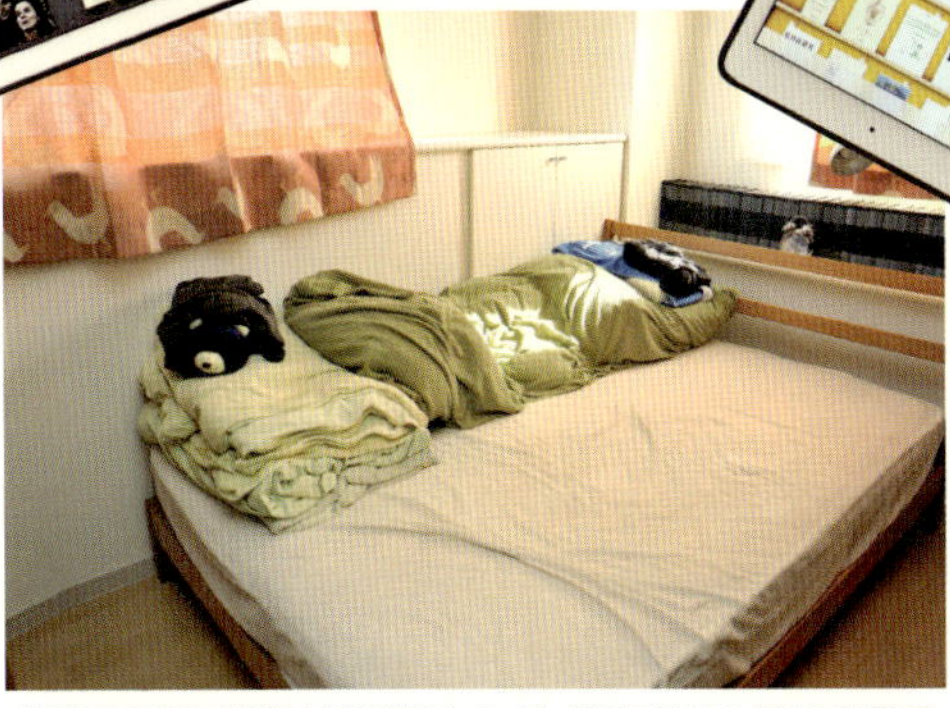

仕事の合間に休憩する仮眠用ベッド。動物のぬいぐるみを発見

【佐藤氏の仕事アイテム】

「デジタル」+「紙のノート」を使いこなす

アイパッドをフル活用、ノートは1冊主義

佐藤氏のアイパッドのホーム画面。
アイパッドは常に持ち歩き、フル活用する

携帯電話は、アイフォンとガラケー2台（1台は予備）。
通話に使うのはガラケー。アイフォンはメールチェック程度

Sato Masaru

ネットサーフィンの誘惑がない
テキスト入力専用端末
「ポメラ」も愛用

アイパッドは「見る」専用で、
執筆はノートパソコンの「ダイナブック」で。
どこでも執筆できるよう、同機種を4台所有

電子辞書は、ロシア語対応のカシオ（左）と
セイコーインスツル（右）の2台を愛用

ノートは紙を愛用。すべての情報を1冊に集約。
仕事場の書棚には、過去のノートがぎっしり並ぶ

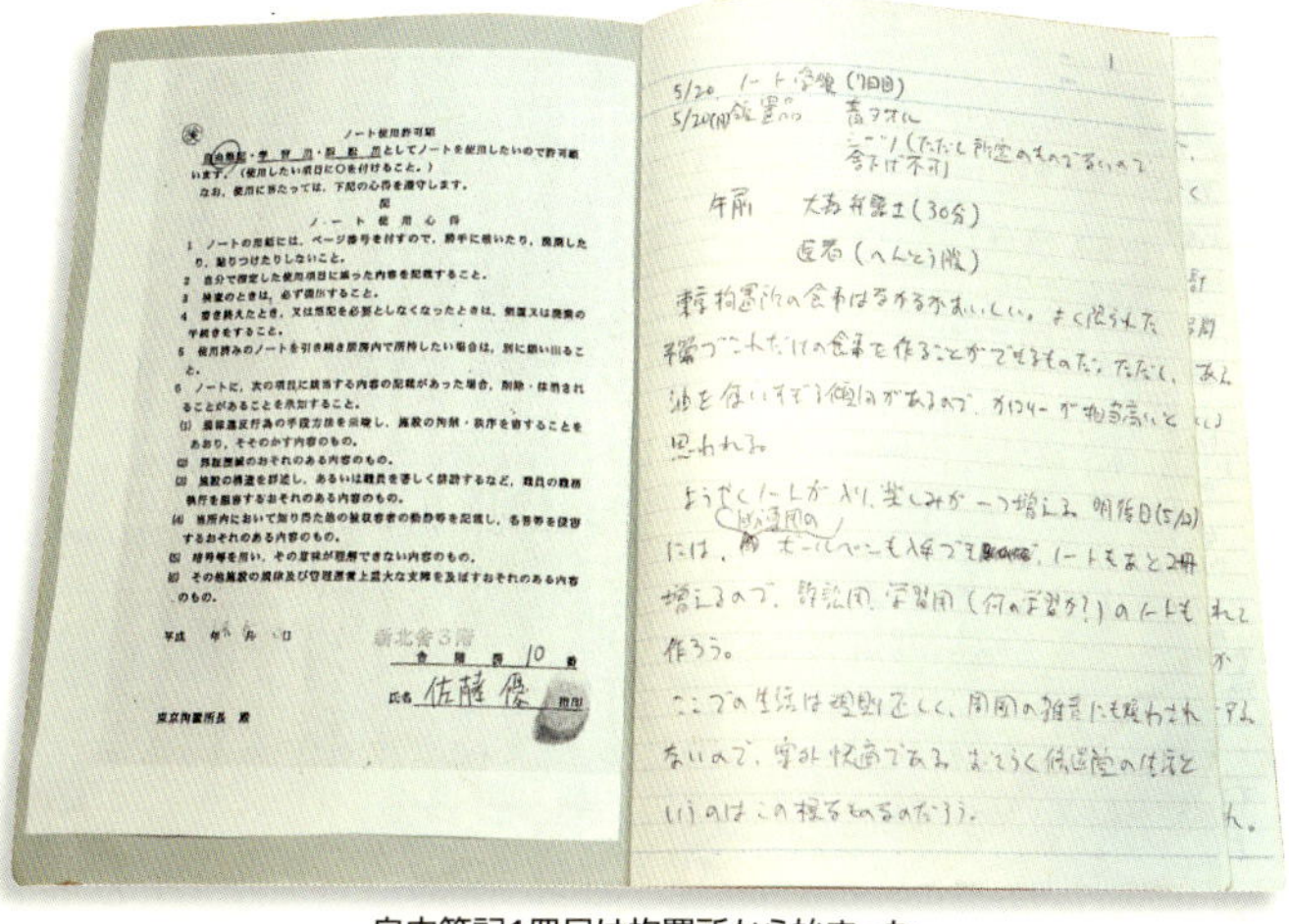

自由筆記1冊目は拘置所から始まった。
表紙の裏には「ノート使用許可願」が、1ページ目からは当時の心境がうかがえる

【佐藤氏の書棚】

やっぱり本は紙で読む!

世の中を「理解する」には書籍が不可欠

執筆デスクの手が届くところには、聖書や辞典類を常備

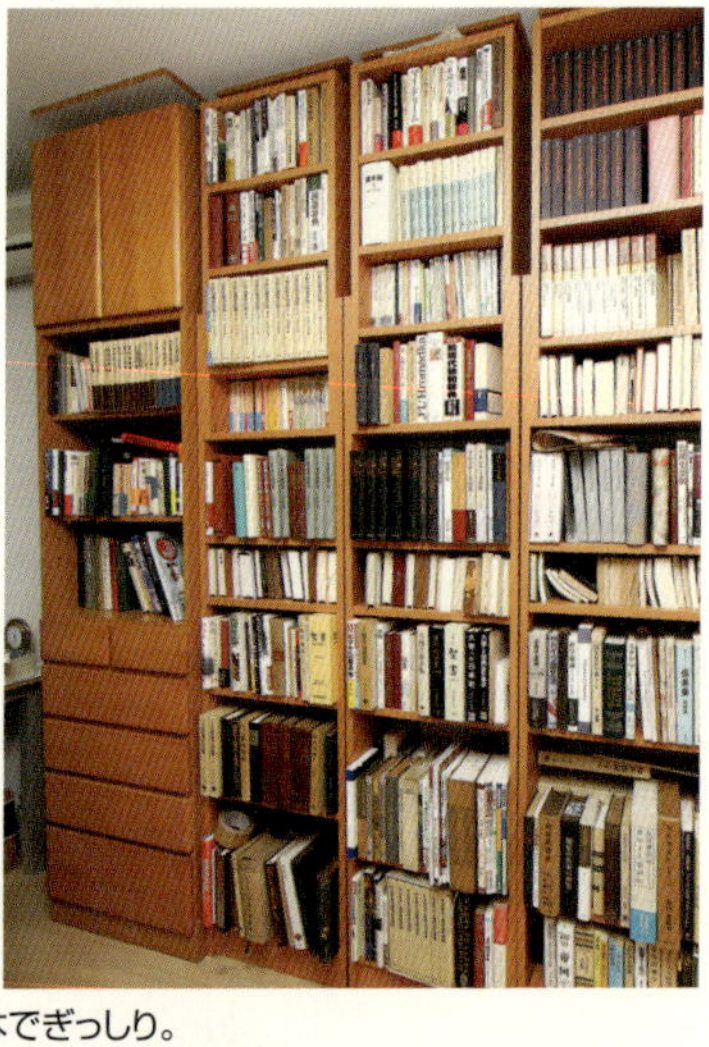

仕事場の壁は本でぎっしり。
蔵書はすべてあわせると、およそ8万冊

キリスト教やマルクス関係の書籍も多い

日本に数セットしかない、スターリン時代は禁書だった
ブハーリン編纂レーニン全集（第2版、上段の黒い洋書）

中央は、内容が優れている東ドイツの百科事典

動物関係の本を読むと、心が安らぐ

受験参考書の棚もある

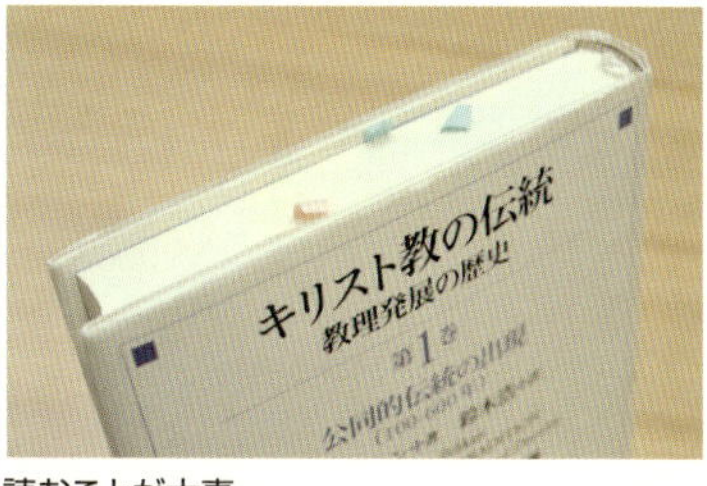

熟読する本は「汚く」読むことが大事。
線を引き、書き込みをしながら読むのは池上氏と同じ

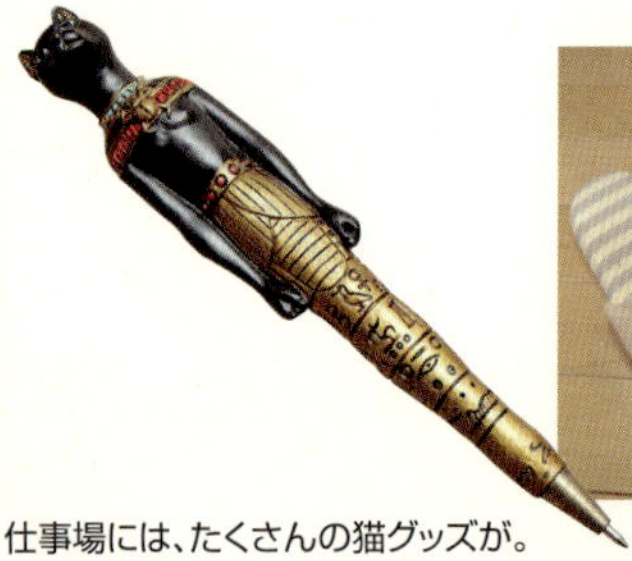

仕事場には、たくさんの猫グッズが。
エジプトの猫の女神バステト（左と中央）はお気に入り。スリッパまで猫の絵柄

コーヒーカップも、動物好きの佐藤氏らしい絵柄

机上には、こんなミニカーも。
右はモスクワ時代に乗っていた車（ラーダ5型）。
左は拘置所時代にお世話になった護送バス

じつはプラモデルや模型好き。
これは旧ソ連軍の戦車。
eBayで入手した

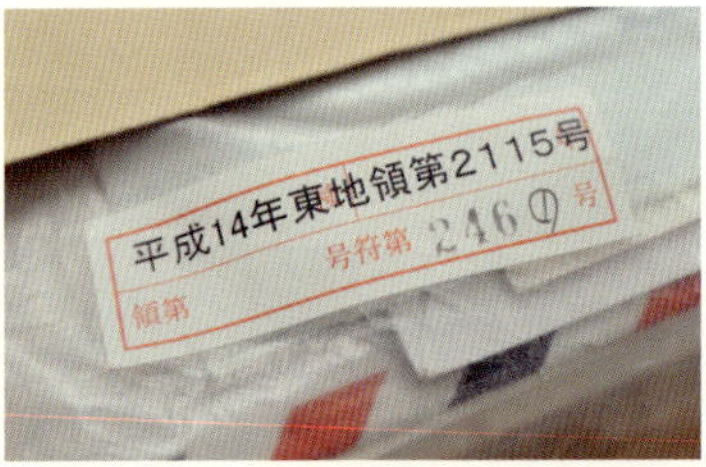

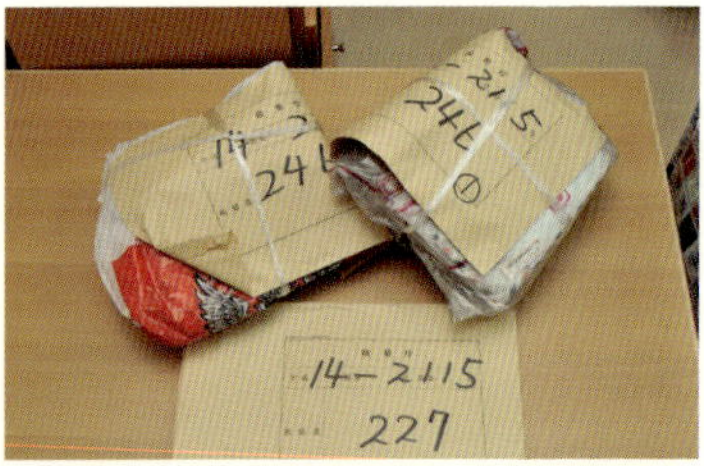

検察庁に押収され、15年近く経って戻ってきた私物。
まだ開封していない

ジャーナリスト
池上 彰

僕らが毎日やっている

最強の読み方

新聞・雑誌・ネット・書籍から「知識と教養」を身につける70の極意

作家
佐藤 優

東洋経済新報社

はじめに

「知の巨人」という言葉があります。この称号にふさわしい現代人といえば、佐藤優氏ではないでしょうか。国際情勢から宗教、哲学、果ては最新のベストセラー小説まで。氏の知識と見識はとどまることを知りません。

深い教養に裏打ちされた書籍は、毎週のように発売されます。この驚異的なペース。私は密かに「週刊 佐藤優」と呼んでいます。

佐藤氏は毎月90近い締め切りを抱えているそうです。大学ノートを見せてもらいましたが、そこには締め切り日の一覧表が。びっしりと書き込んであるので、遠目にはノートの白いページが黒ずんで見えます。

こうなると、毎月18回の締め切りで切羽詰まっている私など、「締め切りで追われている」と弱音を吐くわけにはいきません。

それにしても、佐藤氏は、なぜこれほどまでに知的生産性が高いのか。

これは多くの読者が知りたいことでしょう。この本の編集者・中里有吾氏のそんな口車に乗って、佐藤氏と新聞や雑誌、書籍の読み方、ネットの活用法など「知の技法」について対談したのが、この本に結実しました。

佐藤氏に会うたびに、大量の情報が詰まった会話に圧倒されます。自分の無知さ加減に嫌気が差すこともありますが、その一方で、四方八方に飛ぶ会話は、心躍るものでもあります。

佐藤氏の知的探求心に基づく行動は、まるで修行僧のようです。どんなに忙しくても、毎日必ず一定の読書時間を確保する。そうした知の棚卸しをすることで、判断の間違いを防止することができます。

大量の読書を続け、あらゆる享楽から距離を置き、現実の問題の背景に横たわる本質を追求する。そんな生活をしていて、どこが面白いのか。その疑問は、結局私に返ってきます。私も同じような生活をしているからです。

でも、傍から見るほど苦しくはないのですね。毎日の勉強で視野が広がったときの喜び。国際情勢に対する自分なりの読みが当たったときの満足感。きっと、こうした知的快楽に背中を押されて、私たちは走っているのだろうと思います。

これについて佐藤氏は、本文の中で、知は「武器」であり、「楽しみ」でもあると語っています。〈物事の背景を深く知ること自体が、知的好奇心を満たす純粋な「楽しみ」にもなります〉というわけです。

と同時に、〈知識は、生き残るための武器であり、かつ「防具」にもなります〉と喝破します。あふれる情報の海に溺れることなく泳いでいくためには一定量の知識が必要ですし、その知識量に裏打ちされた判断力によって目的地を間違えることなく泳ぎきることができるはずです。

佐藤氏も私も、知識を吸収し、自分の分析力を高める手法に、奇抜なものはありません。ごくオーソドックスな基礎的動作を繰り返しているだけ、とも言えます。ということは、読者のあなたにもできることが多いということなのです。

ネットにあふれる玉石混淆の情報。偏見に満ちた思い込みで歪んだ分析。こうしたノイズに流されることなく進むには、しっかりとした取材に裏打ちされた新聞や雑誌、書籍から基礎的知識を吸収する必要があります。基礎的動作を積み重ねて築いた確固たる視点があれば、ネット上のデマに惑わされることもなくなるでしょう。

この本では、二人が読んでいる新聞や週刊誌、ビジネス誌、月刊誌、国際情報誌、専門誌、さらに参考にしているニュースサイトなど具体的な情報も満載です。二人が共通して参考にしているものもあれば、まったく別々の方面のものもあります。

もちろん、こうしたものすべてに目を通したほうがいいというわけではありません。むしろ大量の情報に振り回される危険もあります。この本に登場する具体的な情報は、あくまで参考程度に考え、あなた独自の情報網を築くこと。そのほうが大切なことだと思うのです。

要は、真似をするのではなく、自分流のスタイルを構築すること。この本が、そのお手伝いになれば幸いです。

2016年11月

池上 彰

僕らが毎日やっている最強の読み方——

［目次］

国語

序章

僕らが毎日やっている「読み方」を公開

新聞、雑誌、ネット、書籍には読みこなす「技法」がある

佐藤　この本では池上さんと二人で、多忙なビジネスパーソンが「新聞」「雑誌」「ネット」「書籍」をどうすれば深く、速く読むことができるのか、その技法について話していきます。私たちが日々実践している「読み方」をここまで体系的に解説するのは、この本がはじめてになりますね。

池上　そうですね。たとえば佐藤さんも私も、世の中を「知る」基本ツールとして新聞を重視していますが、当然ながら、読んでいる新聞や読み方には、それぞれ「共通点」もあれば「違い」もあります。雑誌や書籍、そして日々激変するネットメディアについても同じです。私たちが「何をどう読んでいるのか」、読者には「何をどう読んでほしいのか」、その両方についてできるだけ具体名をあげながら詳しく紹介していきたいですね。

佐藤　何を学ぶにしても、まずは先人たちの技法を知り、いい部分を盗むことが熟達の近道です。講演会やセミナーで、「どの新聞をどう読めばいいですか？」という質問をよく受けますが、私はいつも決まって「池上さんの技法を盗むことです」

と答えています。私が知る中で、最も新聞を読むのがうまいジャーナリストは池上さんですから。

池上　ありがとうございます。詳しくはあとで述べますが、私の新聞の読み方は、**朝は自宅に届く8紙の「見出し」にざっと目を通すだけで、まずその日のニュースの全体像を捉える**というやり方です。その後、講義や取材、打ち合わせで外出する際に、さらにもう2紙を駅で購入してチェックします。そこで気になった記事は、夜寝る前に読み込む。**『ウォール・ストリート・ジャーナル日本版』**だけはパソコンで電子版を読んでいますが、それ以外の10紙はすべて紙で読んでいます。忙しいビジネスパーソンは11紙も読む必要はありませんが、「効率的に新聞を読みこなす技法」には参考にしていただける部分もあると思います。

佐藤　新聞は、隅から隅まで読んでいたら、それだけで1日が終わってしまいますからね。**雑誌や書籍、ネットもそうですが、読むことは「手段」であって「目的」ではありません**。だから、池上さんの技法を、読者には上手に盗んでほしいですね。

池上　そういう佐藤さんも、毎月平均300冊以上の本に目を通しているそうですが、「どうすれば佐藤さんのように、たくさん本を読めるのだろう」と思っている読者は多いはずです。それも洗練された技法があってこそなんですよね。

▼

2人がやっている「読み方」をここまで体系的に解説した本ははじめて

佐藤　もちろん私も、最初からそこまで大量の本を読みこなせたわけではありません。自分なりに試行錯誤をし、数々の「知の巨人」たちのやり方を見ながら、自分なりの技法を築き上げてきたんです。

池上　佐藤流「本の読み方」は、最新の技法とあわせて、あとでたっぷり語っていただきましょう。最近では「ネットを読みこなす」技法も重要になっていますね。ネットの普及によって、個人が得られる情報は格段に多くなりましたが、気をつけないと、とんでもない誤報をつかまされる危険性も高い。情報を取捨選択するには、自分の中で明確なものさしをもたないといけません。

佐藤　言うまでもありませんが、「何を読むか」「どう読むか」だけでなく「何を読まないか」も重要な技法のひとつです。ネットのニュースは基本的に「娯楽」で見るものですが、使い方次第で、貴重な情報源になるのも事実です。「どのサイトをどう活用すればいいのか」というネットを読む技法についてもたっぷり語っていきましょう。

池上　読者にぜひ知ってほしいのは、「新聞」「雑誌」「ネット」「書籍」にはそれぞれ違った読みこなす技法があり、それを身につけることで、それぞれを読みこなすスピードと質、速さと深さが劇的に変わるということです。その技法を解説しよう

「何を読むか」「どう読むか」だけでなく「何を読まないか」も重要な技法

というのが、この本の狙いです。

二人の技法にも「共通点」と「違い」がある

佐藤　先ほど池上さんが「最新の技法」とおっしゃいましたが、少し前まで私はすべての新聞を紙で読んでいました。それが2年ほど前から、約8割の新聞を電子版に切り替え、毎朝、アイパッドやパソコンで読んでいるんです。

池上　そうでしたか。新聞を電子版に切り替えた理由というのは？

佐藤　「新聞は電子版のほうが速く読める」ことに気づいたんです。さらに、読んで気になった記事は「エバーノート」や「ドロップボックス」などクラウド上のデータ保存サービスに保管しています。電子版に限らず、紙で読んで気になったものは何でもスキャンしてデータで保管しているんですが、これがとても便利で。

池上　「情報をどう管理すればいいか」に頭を悩ませているビジネスパーソンは多いと思いますが、佐藤さんはネットを使った情報整理をかなり取り入れているわけですね。

佐藤　はい。電子版でいえば、雑誌も2年ほど前から電子雑誌の定額読み放題サー

2人の「最新の読み方」にも
共通点と違いがある

ビス「dマガジン」を愛用していて、これが雑誌の世界を一変させる可能性さえあると思っています。私自身、雑誌との付き合い方が劇的に変わりました。

池上　雑誌も電子版を活用しているのですか。私は新しいツールを試す時間がなかなかとれず、長年の習慣もあって、新聞も雑誌も基本的にはもっぱら紙で読み、気になる記事はそのまま切り取ってファイルにしています。冒頭でも述べましたが、佐藤さんと私では「共通点」もあれば「違い」もある、そこが本書の面白さのひとつになりそうですね。

佐藤　そうですね。読者には私たちの「共通点」と「違い」を知っていただき、ぜひ自分にとって実践しやすい技法をうまく取り入れてほしいですね。

世の中を「知る」には新聞、世の中を「理解する」には書籍がベース

――土台となる基礎知識は「教科書・学習参考書」で身につける

佐藤　池上さんはかなりの数の新聞に目を通しておられますが、情報の窓口は、いまも新聞がメインですよね？

池上　はい。インプットの基本姿勢は長年変わっていません。まず新聞で日々のニ

ユース全体を捉え、ニュースで気になるテーマがあれば、書籍で深掘りしていく。ニュースをきっかけにして、わからないところが出てきたら関連する本を片っ端から読む、というイメージです。

佐藤　私のスタンスも基本的には同じです。この本の大きなメッセージのひとつになりますが、世の中で起きていることを「知る」には新聞がベースになり、世の中で起きていることを「理解する」には書籍がベースになります。両方を上手に使いこなすことが重要で、どちらか一方に偏るのはよくありません。

池上　新聞をしっかり読めば「何が起きているか」を知ることはできますが、それだけでは「なぜそうなったのか」「その背景にあるものは何か」までは理解できませんからね。当然、「この先どうなるか」の分析や推測もできません。

佐藤　いま池上さんがおっしゃったのは、とても大切な前提です。新聞、雑誌、ネット、書籍を読みこなそうと思ったときに、じつはいちばん大切になるのは、すべての土台となる基礎的な知識なんです。土台となる「基礎知識」に欠損があると、いくらインプットしても、内容を正確に理解することも、読んだものを知識として蓄積していくこともできません。

池上　まさにそのとおりですね。国際情勢を正確に理解しようと思えば、歴史や宗

▼

世の中を「知る」には新聞がベース、世の中を「理解する」には書籍がベース

教の基礎知識が必要不可欠になります。「土台」があるからこそ、知識がきちんと積み上がっていく。遠回りに思えるかもしれませんが、結果的に全体のインプットの効率も上がります。

佐藤　池上さんが新聞からさまざまな情報を読み解けるのも、私が大量の本を読みこなせるのも、そして私たちがネット上の変な情報に引っかからないのも、それは**土台となる基礎知識を、長い時間をかけてしっかりと築き上げてきたから**です。そしてその基礎知識をしっかり身につけるには、「書籍」をしっかり読むしかないんですね。

池上　そう思います。**書籍の中でも、基礎知識を強化するなら「教科書・学習参考書」を上手に使ってほしいというのが、佐藤さんと私の共通のメッセージ**です。歴史を学び直すには、高校の「日本史A」「世界史A」の教科書・学習参考書で基本と大まかな流れを押さえるのがいちばん手っ取り早い。いろいろな教科書を読み比べるのも楽しいものです。

佐藤　同感です。この本では、「新聞」「雑誌」「ネット」「書籍」とツールごとに分析していきますが、「書籍」については、さらに「教科書・学習参考書」に1章を割き、基礎知識の強化の仕方についてもじっくりお話ししましょう。

▼
土台となる基礎知識を しっかり築き上げることが重要

知は「武器」であり「楽しみ」でもある

佐藤　この本で解説するのは「読みこなす技法」になりますが、その根底にあるメッセージは、**知は「武器」であり「楽しみ」でもある**ということです。知識や教養を身につける動機は人それぞれでしょうが、私にとってはビジネスや人間関係で欠かすことのできない「武器」である側面が強い。同時に、物事の背景を深く知ること自体が、知的好奇心を満たす純粋な「楽しみ」にもなります。

池上　**知ることで、日常生活の彩りも増します**よね。たとえば旅行先の土地の歴史を勉強してから行くと、知らなければ素通りしたであろうモニュメントに心を揺さぶられることもあります。私はとくに説明したがりだから、自分が知ったことを誰かに伝えたくなります。そうして人と話すことでさらに話題が膨らみ、楽しみがどんどん増えていくんですよ。

佐藤　それに、やはりこれから先、グローバリゼーションは避けられないわけです。これまで日本だけなら通用していた常識が、世界ではとんでもない非常識であることも多い。そのとき**知識は、生き残るための武器であり、かつ「防具」にもなりま**

▼
知は「武器」であり「楽しみ」でもあり、
生き残るための「防具」にもなる

す。歴史認識の違い、宗教や価値観の違いはビジネスのうえで致命傷になりかねませんから。

池上　ただ、ここで紹介する方法をいっきにすべて実践しようとはしないほうがいいかもしれませんね。意気込みすぎて途中で挫折してしまうパターンは、意欲の高い人ほど陥りやすい罠です。新聞をたくさんとりすぎて読まずに溜め込んでしまったり、この本で紹介した書籍を買い込んでそれで満足してしまったり。そうではなく、できるところから取り入れていってください。

佐藤　一度挫折すると、次に取り組むときの心理的なハードルが高くなってしまいますからね。

池上　情報は日々更新されていくものなので、インプットも毎日の習慣にしていけるのが理想的です。でも、何日かサボったっていいんですよ。厳しく考えすぎず、確実に続けていける無理のないペースで組み込むことが、何より重要かもしれません。

佐藤　本書でお伝えする内容は、そのあたりも踏まえた「実践的な技法」になっています。とくにこの本を手にとるような向上心のあるビジネスパーソンは日々忙しく、インプットのために使える時間も限られているでしょう。まず全体に目を通し

途中で挫折しないための「実践的な技法」を身につけよう

てから、自分に必要な部分を強化していってほしいですね。

第1章

僕らの新聞の読み方

どの新聞を、どう読むか。全国紙から地方紙まで

新聞の大前提

新聞はいまも「世の中を知る」基本かつ最良のツール

佐藤　序章でもお伝えしたとおり、「世の中で起きている出来事を知ろう」と思ったとき、まず基本となるのは新聞です。意外と軽視されがちですが、**新聞が「世の中を知る」ための基本かつ最良のツールであることは、今も昔も変わりません**。

池上　いくつかの問題点はあるものの、日常の情報源として新聞はやはり優れていますね。一面から順にめくっていけば、政治、経済、国際情勢、そして文化やスポーツを含めた世の中の動き全体を、短時間でざっと俯瞰できる。その**「一覧性」においで新聞に優るものはない**でしょう。

佐藤　私は現役外交官だったころ、必要な情報の約6割を新聞から得ていました。モスクワの日本大使館にいたときも、東京の外務省国際情報局でもそうでした。

池上　インテリジェンスのプロ中のプロがおっしゃると、説得力がありますね。ちなみにほかの4割は？

佐藤　雑誌、テレビ、書籍、ネットを通して得た情報があわせて2割。外務省が公務で用いる電報の「公電」が1割で、残りの1割が人から――つまり政府要人や科学アカデミーの専門家、情報屋と直接面談して得る情報、というイメージでした。もちろん時期によって変動はありますし、当時はネットがいまほど発達していなかったこともありますが。

池上 人から得る情報が全体の1割程度というのは、少々意外ですね。

佐藤 人から得る情報は機密性が高く、非常に重要です。比率としては少なくても密度の濃い情報です。ただ、そういった機微に触れる情報を聞き出そうと思ったら、やはり新聞を丹念に読んで内外の事情に精通していないと話にならないんですよ。だから毎日5～6時間は、新聞を読む時間にあてていました。

池上 新聞で仕入れた情報があってこそ、より深い情報を引き出せるわけですね。

ネットが普及しても、新聞の影響力は小さくならない
――「第一次情報は新聞」というケースが多い

佐藤 いまでも政治、経済、文化エリートで新聞を読まない人はいないはずです。軽い世間話であっても、ニュースについて何らかの見解を求められて会話が続かな

新聞を読んでいなければ、人から深い情報は引き出せない

ければ、「その程度のやつだ」とあっさり見限られますから。今後、いくら新聞の購読者数が減っても、この傾向は変わらないはずです。

池上　新聞をとっていない人も最近は多いようですが、じつはそういう人も日々「新聞の情報」自体は断片的に見聞きしています。ニュースサイトで配信される記事の多くは新聞社や通信社が配信したものですし、SNSや個人ブログでリンクを張られている情報をたどっていくと、「第一次情報は新聞」というケースが非常に多い。

佐藤　おっしゃるとおりです。新聞の発行部数は世界的にも減っていますが、だからといって新聞の影響力が小さくなったわけではありません。ネットの普及によって、実際の発行部数以上に多くの人が新聞の情報を目にしています。それにメディア関係者も、なんだかんだいって新聞を情報源にしていることが多い。

池上　そうなんですよ。テレビ局だって、新聞記事を丹念に読んだうえで、面白そうな話題を探して番組で取り上げることが多々あります。国内外のつぶさな動きをいちからすべて自分たちの足で取材することは不可能ですからね。

佐藤　世の中のリアルな情報を知るには、新聞を読むことが不可欠です。ではどの新聞を、どう読めばいいか。まずは「新聞を読む技法」から話を始めましょう。

ネットで目にする情報は、「根っこは新聞」というケースが多い

僕らの極意 01

新聞は「世の中を知る」基本かつ最良のツール。ネットが普及しても、新聞情報の重要性は変わらない。

新聞は「最低2紙に目を通す」が絶対条件
——もはや1紙では世の中のことはわからない

佐藤　新聞の読み方について、重要な大前提をひとつ。「新聞は少なくとも2紙以上読まなければ危険だ」というのが池上さんと私の、現在の共通意見です。

池上　新聞はここ数年で急激に変わりましたからね。ひと昔前までは、どの新聞を読んでも、ニュース記事に関してはそこまで大差がなく、1紙を読んでいたら大きな流れはつかめたと思うんです。私が大学生のころなんて、「日本の新聞は個性がない。題字が違うだけだ」なんて批判もされたくらいで。

佐藤　私も少し前までは「日本の新聞は客観主義報道だ」と認識していました。新聞社としての立場や主義主張には違いがあるものの、表面上はそれを隠すのが、大きな新聞社の特徴だと。

池上　「見識の違いは社説やコラムに多少表れる程度」といった認識でしたよね。しかし、**いまはニュースの取り上げ方そのものが新聞ごとに違っていて、そこに意図が感じられるようにもなっています**。各紙が旗幟《きし》を鮮明にすること自体は悪いこととは思いませんが、あまりにも露骨な変化で驚きます。

佐藤　池上さんが「新聞が変わってきた」と意識されたのはいつごろからですか？

池上　2013年くらいからじわじわ違和感を覚えていましたが、決定的だったのは2014年1月末ですね。NHK籾井《もみい》会長の就任会見に対する、各社の紙面構成がまったく違ったんです。籾井会長は、いわゆる従軍慰安婦問題について自説をとうとうと述べ、「政府が右と言うものを左と言うわけにはいかない」と言ってのけた。これを大きな問題だと捉えて記事にした新聞と、問題にしなかった新聞にはっきり分かれました。佐藤さんはどうですか？

佐藤　私がはっきり意識したのは2013年12月26日以降、つまり安倍首相の靖国神社参拝からです。ここから、保守系とリベラル系の違いが鮮明になってきたと思います。その後、**『産経新聞』『読売新聞』『日本経済新聞』**が安倍政権に好意的、**『朝日新聞』『毎日新聞』『東京新聞』**が安倍政権に対立的な立場をとるという傾向が鮮

取り上げるニュース自体が新聞によって違っていることに注意

明になりました。

池上　にもかかわらず、新聞はいまでも依然として「客観報道」の体裁を装っていますね。だから1紙だけ読んでいると、読者は自分が読んでいる新聞のバイアスになかなか気づかない。重大な出来事があった場合は、複数紙を併読しなければ総合的な情報は得られなくなっています。それに小さなニュースに関しては、1紙だけ読んでいたら、価値判断を誤るどころかニュースそのものを見落としかねません。

佐藤　「情報収集の基本は新聞だが、全国紙1紙だけではニュースの一部しか拾えないことも多く、非常に危険」ということを読者にも強く意識してほしいですね。

池上　「全国紙なら、どの新聞も同じようなニュースを扱っている」と思ったら、大間違いですからね。

僕らの
極意
02

情報収集の基本は新聞だが、全国紙1紙では不十分。最低2紙に目を通さないと、ニュースの一部しか拾えない。

池上氏が読んでいる新聞は毎日11紙

佐藤　ちなみに池上さんは現在、どの新聞に目を通していますか？

池上　定期購読しているのは『朝日新聞』『毎日新聞』『読売新聞』『日本経済新聞』『朝日小学生新聞』『毎日小学生新聞』の6紙です。『東京新聞』と『産経新聞』の2紙も、大学への通勤途中に駅の売店で買って目を通しています。それから、連載を担当している『中国新聞』と、生まれ故郷の長野県の県紙『信濃毎日新聞』は毎日送られてくるので目を通しています。ほかにもいくつかの地方紙は送られてきたときに目を通します。

佐藤　それは、電子版ではなくすべて紙で？

池上　『日本経済新聞』は電子版も契約していますが、ほかはすべて紙で読んでいます。昔から新聞の切り抜きが習慣になっているので、やはり紙がいいですね。ただし、『ウォール・ストリート・ジャーナル日本版』は電子版で購読しています。

佐藤　毎日11紙にプラスアルファが数紙となると、新聞を読むのにかける時間は、1日どのくらいになりますか？

池上　私は新聞を読む時間を朝晩に分けているんです。朝は『ウォール・ストリート・ジャーナル日本版』以外の紙の新聞をすべてあわせても20分程度です。一つひとつの記事を丁寧に読むというより、ざっと見出しに目を通してどんな記事が出ているかをチェックするくらいです。朝は、各新聞の紙面構成を比較する感覚に近いですね。

佐藤　記事の中身まで詳しく読むというより、「見出し」を中心に目を通す、と。

池上　そうです。見出しには「この記事にはこんなことを書いていますよ」と記事の内容がひと目でわかるように要約されています。時間がない

池上氏が定期購読している新聞

『朝日新聞』

『毎日新聞』

『読売新聞』

『日本経済新聞』

『朝日小学生新聞』

『毎日小学生新聞』

『ウォール・ストリート・ジャーナル日本版』

池上氏が駅売りなどで読む新聞

『東京新聞』

『産経新聞』

『中国新聞』

『信濃毎日新聞』

ときは、この見出しに目を通しておくだけで、簡単な内容はつかめますから。

佐藤　それなら忙しいビジネスパーソンでも真似できますね。

池上　2～3紙であれば、慣れたら10分もかかりませんよ。

新聞を効率的に読む方法

池上　そして夜寝る前に、紙の新聞10紙をもう一度読み直し、『ウォール・ストリート・ジャーナル日本版』にもパソコンでざっと目を通します。夜は、朝に興味をもった記事を中心に、全体に目を通すようにします。風呂あがり、寝る前なので1時間程度でしょうか。必要と思った記事はページごと破ってジャンル別のクリアファイルに入れ、書店の手提げ袋など適当な紙袋に収納します。いつでも持ち歩ける状態にしておいて、移動時間にじっくり読んだり原稿を書くときの参考にします。

佐藤　ということは、池上さんが1日に新聞読みに費やす時間は、11紙あわせても1時間20分程度ということですね。

池上　はい。もう肌感覚でやっているので、きちんと計ったわけではありませんが。佐藤さんは、どんな新聞を？

佐藤　私はこのところ電子版に切り替えたものが多いんです。紙で定期購読しているのが**『東京新聞』『琉球新報』『沖縄タイムス』『ニューヨーク・タイムズ』**の4紙。電子版が**『朝日新聞』『毎日新聞』『産経新聞』『日本経済新聞』『琉球新報』『沖縄タイムス』『聖教新聞』『ウォール・ストリート・ジャーナル日本版』**の8紙で、アイパッドやパソコンで読んでいます。

池上　『朝日新聞』『毎日新聞』『産経新聞』『日本経済新聞』『聖教新聞』『ウォール・ストリート・ジャーナル日本版』の6紙は、紙ではなく電子版だけなんですね。そして、地方紙である『沖縄タイムス』

佐藤氏が紙で定期購読している新聞

『東京新聞』

『琉球新報』

『沖縄タイムス』

『ニューヨーク・タイムズ』

佐藤氏が電子版で定期購読している新聞

『朝日新聞』

『毎日新聞』

『産経新聞』

『日本経済新聞』

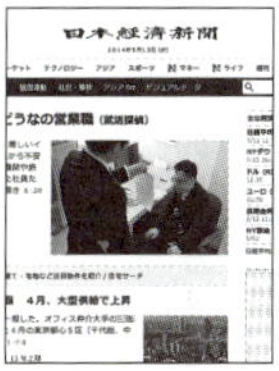

『琉球新報』

『沖縄タイムス』

『聖教新聞』

『ウォール・ストリート・ジャーナル日本版』

と『琉球新報』は紙と電子版の両方で読んでいると。どの程度の時間をかけて読まれているんですか？

佐藤　外交官時代と違って、いまは延べで2時間以内に収めるよう、ストップウォッチで計りながら読んでいます。

池上　えっ、ストップウォッチで計っているんですか？

佐藤　新聞に限らず、洋書を読むときにも使っていますよ。最近は慣れてきたので時計を見て済ませることも多いですが。

池上　いつも驚くのですが、佐藤さんはいろいろなツールを活用していますね。

佐藤　時間を有効活用するために、ストップウォッチは大活躍します。池上さんのように長年習慣にされている方には必要ないかもしれませんが、これから効率よく勉強したいと考えているビジネスパーソンには、ぜひすすめたいですね。

僕らの
極意
03

朝は見出しを中心に、新聞全体にざっと目を通す。気になった記事は、あとでじっくり読む。

2人が読んでいる新聞リスト

池上

定期購読している紙の新聞 ▶ 6紙

『朝日新聞』
『毎日新聞』
『読売新聞』
『日本経済新聞』
『朝日小学生新聞』
『毎日小学生新聞』

定期購読している電子版 ▶ 2紙

『日本経済新聞』(紙と電子版、両方契約)
『ウォール・ストリート・ジャーナル日本版』

駅売りなどで読む紙の新聞 ▶ 4紙

『東京新聞』
『産経新聞』
『中国新聞』(連載を担当)
『信濃毎日新聞』(自宅に届く)

毎日 ▶ 合計11紙

時々読む新聞

その他の地方紙(地方に行ったときは、地元紙を必ず買って読む)

海外紙

『フィナンシャル・タイムズ』(イギリス紙)
『ニューヨーク・タイムズ』(アメリカ紙)

佐藤

定期購読している紙の新聞 ▶ 4紙

『東京新聞』
『琉球新報』
『沖縄タイムス』
『ニューヨーク・タイムズ』(アメリカ紙)

定期購読している電子版 ▶ 8紙

『朝日新聞』
『毎日新聞』
『産経新聞』
『日本経済新聞』
『琉球新報』(紙と電子版、両方契約)
『沖縄タイムス』(紙と電子版、両方契約)
『聖教新聞』
『ウォール・ストリート・ジャーナル日本版』

毎日 ▶ 合計10紙

時々読む新聞

『読売新聞』
『北海道新聞』(日露関係が動き出すとき)
『夕刊フジ』
『日刊ゲンダイ』

海外紙

『イズベスチヤ』(ロシア紙)
『クラースナヤ・ズベズダー』(ロシア紙)

※2016年11月現在

全国紙

全国紙レベルでも「新聞＝客観報道」の前提が崩れている

佐藤　最初にお話しした全国紙の大きな変化について、もう少し掘り下げておきましょう。

池上　新聞を読むうえで非常に注意深さが求められる視点ですからね。

佐藤　顕著な例ではここ2〜3年、慰安婦問題、歴史認識問題、集団的自衛権や安保法制の問題、憲法改正問題、原発問題、沖縄の問題などは、新聞ごとに報道のスタンスが大きく異なります。取り上げるニュースの切り口や論評が異なるだけでなく、「A新聞では大きく扱っている出来事を、B新聞は掲載すらしていない」というケースも珍しくありません。

池上　「新聞社によってニュースの取捨選択そのものに違いがある」のは問題です。

佐藤　はっきり言ってしまうと、以前から『産経新聞』だけは保守色が明確でした。他紙は潜在的に右左の差はあったものの、それを表には出していなかったんですね。それが現在、『産経新聞』の路線、つまり保守派に『読売新聞』と『日本経済新聞』

が乗って、『朝日新聞』『毎日新聞』『東京新聞』は逆に、現政権反対の立場を明らかにしています。池上さんも指摘されていましたが、少し前に作家の百田尚樹さんが自民党議員の勉強会「文化芸術懇話会」で沖縄にまつわる問題発言をしたときの報道も、各紙の立場によって非常に偏ったものでした。

池上 原発事故後に首相官邸前で行われた「反原発デモ」もそうですね。『東京新聞』は大々的に取り上げ、『朝日新聞』『毎日新聞』もそこそこ大きく扱いましたが、『読売新聞』と『産経新聞』はほとんど、あるいはまったく取り上げませんでした。

佐藤 これは、隠れたテーマであるエネルギー政策が絡んでいるわけです。与党が進める原発再稼働に対しての、賛成・反対のスタンスが表れた形ですね。『毎日新聞』は、以前は両論併記的で是々非々の論調でしたが、集団的自衛権や安保法制の問題をきっかけに反安倍色を鮮明にしています。

池上 そうですね。だから、『読売新聞』や『産経新聞』だけを読んでいる読者には、「反原発デモ」という出来事そのものが存在しなかったことになります。知らなければ当然、そのことについて考えることもできません。

佐藤 新聞社にはそれぞれの立場や姿勢があり、一定の方向に世論を「誘導」するための表現をすることもあります。新聞社の「本音の部分」を知っておかないと、

▼
A新聞が大きく扱う出来事を
B新聞は掲載さえしないこともある

知らず知らずのうちにインプットする情報にも偏りが出てしまいます。同じニュースを取り上げていても、どんな「見出し」をつけるか、どんな写真を載せるかによって、読者が受ける印象は大きく変わりますから。

池上　人物写真でも、どんな表情か、誰と一緒に写っている写真なのか、それだけでもかなりのイメージ操作が可能です。読者としては、そういった本音や意図を見抜く目も養う必要がありますね。

新聞社のバイアスは「社説」と「コラム欄」で判断する

佐藤　では、新聞社の本音の部分を知るには、どうすればいいか。それには各紙の「社説」と「コラム欄」を見るのがいちばん手っ取り早いですね。社説やコラム欄にはビジネス的な情報価値はさほどありませんが、各紙の立場がよくわかります。

池上　コラム欄というのは、朝日新聞の「天声人語」、読売新聞の「編集手帳」、毎日新聞の「余録」、産経新聞の「産経抄」など、各紙がそれぞれに設けている時事問題を取り扱う枠のことです。執筆しているのは社内の論説委員や編集委員。一方の社説は、世の中の出来事や問題に対して新聞社としての公式意見を述べる枠で、

新聞社の本音や立場は
「社説」と「コラム欄」に出る

「新聞の顔」とも呼ばれます。

佐藤　最近は新聞記事の多くに文責の意味もあり執筆した記者名が記されていますが、社説やコラム欄には署名が入らないのも特徴です。それは社説が、それを書いた論説委員個人の見解ではなく、会社としての見解を示すものだからです。

池上　以前はよく「新聞でいちばん読まれるのはテレビ欄、いちばん読まれないのは社説」などと揶揄されることもありましたが、それでも社説が世論形成に一定の影響を与えているのは否めない事実ですよね。

佐藤　はい。国家の政治・経済政策への影響という点でも、新聞社の社論は大きいですよ。エリート層で社説やコラム欄を読まない人間はいませんから。

池上　もちろん、実際には同じ新聞社に勤めていても、いろいろな考え方の記者がいます。毎日新聞の「記者の目」コーナーを見ると時折、社説と異なる意見が堂々と載せられています。ただし、多くの新聞社では、現場の記者から「会社の方針に逆らってまでは書けない」という切実な声もよく耳にします。せっかく記事を書い

「天声人語」

「編集手帳」

「余録」

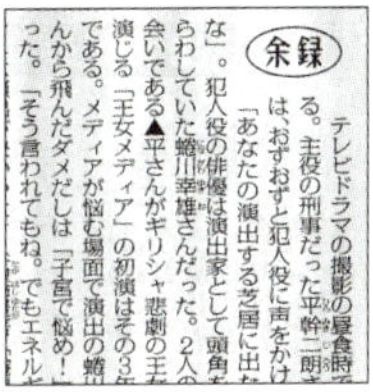

「産経抄」

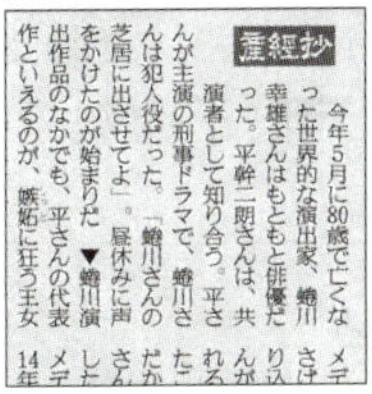

「記者の目」

ても、紙面に載らなければ意味がありませんから。

佐藤 「社論に合わせて書け」という圧力はなくても、現場の記者が「上層部の考えを推しはかり」自社の考えに沿わない原稿は控えるということは少なくないでしょう。記者が書いた記事を紙面に載せるか否か、載せるにしてもどの程度の大きさで扱うかは、上司にあたるデスク以上の判断になりますし。

池上 「○○について書いても、うちではどうせ大きく取り上げられない」と思えば、どうしても取材に力が入らなくなりますからね。新聞記者は事実を追求するジャーナリストではありますが、それと同時に、「○○新聞」という株式会社の社員でもありますから。

佐藤 社説やコラム欄を見ておくとマスメディアの見解の大きな時流も捉えやすいですね。『**朝日新聞**』と『**産経新聞**』はひとつの出来事に対して正反対の見解を示すことも多いですが、社説で同様の立場を打ち出すときは、日本のマスメディアの見解がほとんど均一になっていると考えていいでしょう。

池上 新聞社にはそれぞれ立場や考えがあり、それが日々のニュースの取捨選択に大きな影響を及ぼしていることはぜひ知っておくべきです。自分が読んでいる新聞の「バイアス」を知っておけば、ほかの記事を読むときにも役立つので。

各新聞の「バイアス」を知ることは、ほかの記事を読むときにも役立つ

僕らの
極意
04

全国紙も客観報道とは限らない。社説とコラムで、新聞社の本音とメディア全体の時流を知る。

全国紙から、海外のニュースが減っている

佐藤　もうひとつ、安倍政権以降の大きな変化として、**ヨーロッパに関するニュースが全国紙全体から減っています**。気づきにくいポイントですが、このことも押さえておいたほうがいいでしょう。

池上　たしかにそうですね。**ギリシャ危機やイギリスのEU離脱のような大きなニュースがあると一時的に記事が増えますが、一段落すると記事の量がいっきに少なくなります**ね。

佐藤　過激派組織「イスラム国」も同じですよね。これだけ世界を動かしている事柄なのに、大きなテロ事件が起きても、しばらく経つと大きく報道されなくなる。まだ根本的には何も解決していないのに、です。

池上　海外のニュースはただでさえ日常的には見えにくいものなので、報じられなくなると、日本にも大きな影響がある出来事ですら、知らずに日々を過ごしてしまうことになる。新聞には「これさえ読んでおけば、世界で起きていることの全体像を捉えられるメディア」であってほしいのですが。

佐藤　海外のニュースは新聞に限らず、日本のメディア全体から減っていますね。日本人の精神が内向きになっていることの裏返しの現象だと思います。

池上　テレビでも国際ニュースはどんどん減っています。理由は視聴率がとれないからです。テレビの視聴率は1分刻みに出て、同じニュース番組でもどの時間帯の視聴率がよかったのか、翌日にはわかる仕組みになっているのですが……。

佐藤　海外ニュースになったとたん、視聴率が下がるわけですか？

池上　そうなんです。私のＮＨＫ在籍時代にも、たとえばイラク戦争が勃発した当初は関心が高く視聴率もとれますが、しばらく経つと「次は、イラクのニュースです」とアナウンサーが言ったとたん、がくんと視聴率が下がる。遠い国のことなので関心が続かず、「またイラクのニュースか」と飽きてしまうのでしょう。

佐藤　ＮＨＫでそれなら、視聴率にさらに左右される民放は、なおさら海外ニュースを敬遠するのかもしれません。新聞やテレビが報じない以上、海外紙や雑誌、書

▼
日本のメディア全体から海外のニュースが減っている

籍やネットを見て補う必要がありますが、それを一つひとつやっていく時間はビジネスパーソンにはありませんよね。

池上 ネットの普及で、海外のニュースを直接集められるようになったのは大きなメリットですが、ネットの情報は玉石混淆すぎて、逆に大きな誤解を起こしやすいものでもあります。**正確な情報を集めるには、ますます時間とお金、そしてメディアを読みこなす技法が必要**になってしまいました。

地方紙

県紙・ブロック紙のもつ影響力

佐藤 ここで、首都圏在住の読者が見落としがちな、県紙やブロック紙といった「地方紙」の重要性も話しておきましょう。**「情報収集ツールとしての地方紙の重要性」を一般向けにわかりやすく説いたのは、私が知る限り池上さんがはじめて**で、非常に納得できたのをよく覚えています。

池上　全国レベルで見ると、各地方の県紙やブロック紙を読んでいる人口はかなり多いですからね。念のために説明しておくと、県紙は**『信濃毎日新聞』**（長野県）、**『南日本新聞』**（鹿児島県）、**『上毛新聞』**（群馬県）など各都道府県でたいてい1紙は発行されている新聞のことで、ブロック紙は**『中日新聞』**（東海地方）、**『西日本新聞』**（九州地方）、**『中国新聞』**（中国地方）など、県より広い地域やいくつかの県にまたがって読まれている新聞のことです。

佐藤　エリアが広い**『北海道新聞』**もブロック紙ですね。沖縄は全国でも地方紙の普及比率が最も高く、全国紙を1紙でも読んでいる世帯は全体のほんの数パーセント。新聞購読世帯の9割以上が**『琉球新報』**か**『沖縄タイムス』**を読んでいるというデータもあります。

池上　地方紙は全国紙に比べて、その県や地域の事件、経済状況、地元のイベント、

代表的な県紙の例

『信濃毎日新聞』

信濃毎日新聞
電通 月100時間過少申告
「残業隠し」か 30人超
架空納品書で251万円支出

『南日本新聞』

南日本新聞
外国人の消防団員活躍

『上毛新聞』

上毛新聞
JA全農改革で目標
生乳補助金見直し
「組織、事業を刷新」

代表的なブロック紙の例

『中日新聞』

中日新聞
高浜原発審査で過労自殺
残業 月最大200時間
原発費用 総額30兆円に

『西日本新聞』

西日本新聞
ノケジョ」人気開花

『中国新聞』

中國新聞
Vロード歓喜31万人
カープパレード 41年ぶり

『北海道新聞』

北海道新聞
積雪早くも記録的

さらにはその日に生まれた子どもの情報、亡くなった人の訃報まで詳しく載っています。地方で生活していたら、遠くの世界や首都圏の出来事より、地元の出来事の情報が重要になるのは当然です。だから、地方紙を読む人が多いわけです。

佐藤 全国紙にも「地域版」「県版」のコーナーがありますが、紙面に限りがあり、どうしても中央の政治・経済・社会・文化のニュースが多くなりますからね。

池上 「全国紙」というと全国の人が読んでいると思いがちですが、実態は大都市とその周辺の人が主に読んでいる「大都市圏新聞」と言ったほうが正確なんですね。

僕らの
極意
05

全国で見ると、地方紙の読者もかなり多い。全国紙は「大都市圏新聞」と考える。

二人が読んでいる地方紙リスト

池上 もっとも、地方でも、県庁の幹部や警察キャリアは全国紙にも目を通してい

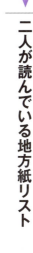

ますし、逆に各地方の選挙区から選出された国会議員は、東京に住んでいても必ず地元地方紙の報道を気にしています。

佐藤　**選挙を意識する政治エリートは、県紙の影響力をよくわかっています**。地元の県紙記者が多少厳しいことを書いても、本気でケンカはしません。池上さんは『**中国新聞**』と『**信濃毎日新聞**』以外で読んでいる地方紙はありますか？

池上　地方に行ったときは、そこの地方紙を必ず買って読みますね。佐藤さんは？

佐藤　私の場合、沖縄に関する論評が仕事の大きなウエートを占めているので、『**琉球新報**』と『**沖縄タイムス**』は定期購読して、しっかり読み込んでいます。ほかにも、日露関係が動き出すときは『**北海道新聞**』を定期購読します。**ロシアも日本も北方領土問題について機微に触れる情報は、あえて『北海道新聞』に流す**んですよ。そのときの『北海道新聞』は日露間の情報のキャッチボールを行う特別の媒体になるんです。

池上　地域に根ざしている分、特殊な役割を与えられることもあるわけですね。そういう例では、『中国新聞』は本社が広島なので、原爆や核軍縮といった記事が多いですね。

佐藤　地方紙はその土地の風土や歴史と関わりの深いニュースが多くなりますね。

県紙の「3つの広告」に注目する

佐藤　ビジネスパーソンが地方紙を読むときにぜひ注目してほしいのは、広告です。地方紙の広告を見ると、その地域のいろいろな事柄が見えてきます。

池上　広告の入り方によって、その新聞社の経営状態や時代の潮流が見えますよね。2008年のリーマン・ショック後はあからさまに広告が変わり、『朝日新聞』に男性用精力増強剤の広告が最初に載ったときは心底、驚きました。地方紙となるとその地域の景気の動向もわかります。佐藤さんはどのあたりに注目していますか？

佐藤　とくに注意して見るのは「死亡広告」「不動産広告」「書籍広告」の3つです。

池上　ほう、死亡広告ですか。

佐藤　たとえば沖縄は県紙が2つあるという珍しい形ですが、どちらの県紙がより影響力があるかは、その時々の死亡広告の掲載量でわかるんです。沖縄は住民同士の付き合いが非常に深いので、知人の死亡広告を見たらほぼ全員が葬儀に参列します。だから会社経営者などではない一般の人でも、遺族はほぼ必ず広告を載せるのですが、2紙に広告を載せる家族もいれば、自分が購読している1紙だけの家族も

▼
地方紙を読むときは
「3つの広告」に注目する

いる。いま両紙の死亡広告の数を比較すると、『琉球新報』のほうが少し多いんです。

池上　沖縄の新聞の死亡広告欄は、毎日紙面の1～2面を割いていて、はじめて見たときにはびっくりしました。

佐藤　載せる情報も、通常は亡くなった人の氏名や年齢、告別式の日程等の記載ですが、沖縄の場合は親戚一同の氏名も出ています。

池上　そういった土地柄も見て取れるわけですね。

「不動産広告」と「書籍広告」から読み取れること

佐藤　地方紙でもうひとつ注意して見ているのは「不動産広告」です。新築と中古、マンションと戸建てのどちらが多いか。これには経済の動きが顕著に表れます。経済的に元気なところは、やはり新築のマンションの広告が多いですね。

池上　なるほど、そうなりますね。「書籍広告」はどこに注目しますか？

佐藤　地方紙には、地元で出版された書籍や、中央で出版されたものでも地元に関係する書籍、その県で売れている書籍の広告がよく出ているので面白いですね。

池上　書籍広告は特色が出ますね。やはりその土地ならではの、郷土の歴史に関する書籍の紹介が多い印象を受けます。それと、**東京の出版社が地方に書籍広告を出稿するケースからは、その土地の住民性を大まかに捉えることもできます**。たとえば**『信濃毎日新聞』**には、岩波書店の広告が多いんですよ。

佐藤　『信濃毎日新聞』の購読者層は、読書水準が高いということですか。

池上　実際のところはわかりませんが、出版社は効果があるから出稿を続けるわけでしょう。いわゆる岩波文化人に憧れをもつ人が多い土地柄といいますか。

佐藤　たしかに**書籍広告からは、県の雰囲気と元気度もわかります**。若さがあり、これからアグレッシブにビジネスを展開していこうとしている地域では投資関係や自己啓発の本が多くなり、逆にシニア層の多い地域では年金の本が多くなる。

池上　わかりやすいですね。一般のビジネスパーソンも出張や旅行の際には地方紙の広告にも目を通してみると、意外な発見があって楽しいですよ。

僕らの

極意

06

地方紙の「死亡広告」「不動産広告」「書籍広告」に注目すれば、土地柄や経済状況が見えてくる。

通信社

意外と知られていない、通信社の影響力

佐藤　**地方紙に目を通すもうひとつのメリットは、通信社のニュースをカバーできることです。**日本の全国紙には、通信社の記事をほとんど扱わないという奇妙な習慣があるんですよ。ちなみに海外の新聞は、事実関係については通信社の記事を最大限に使い、自社ではそれ以外のコメントや独自で抜いてきた記事に注力するなどとすみ分けています。**日本では全国紙だけ読んでいると、通信社の重要なニュースを見逃してしまう危険性があります。**

池上　そのとおりですね。地方紙はその県や地域には取材網をくまなく巡らせていますが、海外や東京の主要官庁の動きを独自に取材するほどの余裕はありません。そこを補うために、通信社と契約して記事や写真を掲載しています。だから地方紙を読むことで、通信社のニュースもカバーできる。

佐藤　**通信社のいいところはとにかくニュースが速く、速報性が非常に高いこと**です。先ほど述べた百田尚樹さんが自民党議員の勉強会で問題発言をしたときも、共同通

信がまずニュースを配信して流れをつくったわけです。米国務省の日本部長を務めたケヴィン・メアが、解任後にアメリカの学生の前でした沖縄を貶《おとし》めるような暴言――これは本人は反論していますが、これも共同通信の報道で明らかになったものです。

池上 地方紙に限らず、NHKや民放各社も共同通信から原稿を受け取っています。共同通信には、放送局向けに新聞原稿を書き直す部局まであるほどです。

佐藤 通信社の記事には、欧米の場合は「ロイター電」などと必ずクレジットが入りますが、日本では国内のニュースには「共同通信電」といったクレジットが入らないので、ちょっと見ただけではわかりません。でも、地方紙のニュース記事には、共同通信のものが実際はかなりの割合を占めているはずですよ。

池上 メディアの立場で見ると、共同通信が配信するニュースには、「トップ記事の候補」「準トップ記事の候補」というように、記事の取り上げ方にも親切なサジェスチョンがついていて使いやすいんですね。「地方紙の記者には国際情勢のことはわからないだろうから、重要度もお知らせしておきます」というスタンスなんでしょう。そもそも共同通信社というのは、全国の新聞社とNHKが資金を出し合ってつくった一般社団法人ですからね。

佐藤 共同通信社には独自の論説委員会があって、社説も配信していますね。「社

▼全国紙が扱わない通信社のニュースは地方紙を読むことでカバーできる

説参考」という形で。

池上　ええ。そのまま載せなくても、最後の数行だけ変えて載せることは昔からよくあります。そういう地方紙を「共同新聞」と自嘲する地方紙関係者もいます。何しろ「新聞社の顔」たる社説が、共同通信からの借り物なわけですから。

僕らの
極意
07
地方紙を読むことで、通信社の情報もカバーできる。通信社はニュースが速く、速報性が非常に高い。

共同通信社の、どのニュースに注目するか
――ただし、無料サイト「47NEWS」は要注意

池上　佐藤さんは、共同通信の記事は沖縄の2紙で読まれているんですすか。

佐藤　はい。『琉球新報』も『沖縄タイムス』も電子版が朝5時に更新されるので、そこで国際面の共同通信の記事は目を通しています。沖縄の新聞に限らず、共同通

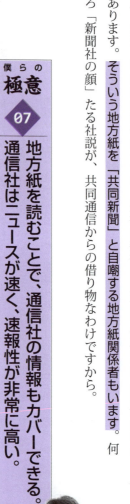

信の国際ニュースを知る意味でも、地方紙を読む価値はあると思いますよ。

池上　とくに国際面に関しては、全国紙に出てこない記事が読めますね。私のところには『中国新聞』と『信濃毎日新聞』が毎日送られてくるので、そこで共同通信の記事を読んでいます。『中国新聞』は夕刊をやめ、その代わりに『中国新聞SELECT』という読み物主体の新聞を出すようになりました。ここには共同通信の長文の解説記事が毎日出ていて、読み応えがあります。特定秘密保護法に関しての分析や安保法制のニュースでも、共同通信はがんばっていましたね。

佐藤　そうですね。もちろん共同通信も時事通信も国際ニュースは優れていますが、すべての分野で強いのが特徴ですね。通信社のニュースは、共同通信の無料サイト「47NEWS（よんななニュース）」で見るという方法もありますが、正直、「47NEWS」は情報がスカスカという印象を受けます。共同通信は新聞各社と契約して配信料をもらって情報を提供しているので、リンク先が掲載した新聞のホームページになっていることも多いですね。

池上　加盟している新聞社の手前もあるので、「あえてウェブサイトの情報を充実させない」という方針をとっているのでしょう。私もサイトができた当初は見ていましたが、いまはほとんど見ていません。

▼
通信社のニュースは優れているが、無料サイト「47NEWS」は要注意

時事通信は世界的な影響力をもっている

佐藤　共同通信の話ばかりしてしまいましたが、日本の主要通信社にはもうひとつ、時事通信があります。時事通信のほうが、配信料がかなり安いんです。その分、たとえば名誉毀損裁判になったとき、共同通信は裁判費用を負担してくれますが、時事通信にはそれがないそうです。

池上　もともとは共同通信も時事通信も同じ組織だったんですけどね。かつての同盟通信社が、戦後に共同通信、時事通信、電通に分かれたわけです。共同通信も時事通信も電通の株をもっていたから、電通が上場したときに多額のお金が入り、2社とも新しい本社ビルを建てることができました。いまはちょっと苦戦している気配なので、応援しているんですが。

佐藤　それでも時事通信は、世界的には強い影響力をもっています。たとえば国家が一定の情報統制をしているロシアや中国、イランのような国の通信社は、国家エリートだけが閲覧するような内部閲覧用の記事を書くことがあります。日本

『しんぶん赤旗』

『世界日報』

でも時事通信の内外情勢調査会は、国際情勢に関して政府の立場を地方のエリート層に理解させるために始めたところで、内閣情報調査室と直結しています。国際基準でいえば完全なインテリジェンス活動です。**モスクワの時事通信にも優れた記者がいますが、彼の記事を読めるのは主に『しんぶん赤旗』と『世界日報』**ですね。

僕らの極意 08

通信社は国際面に限らず、すべての分野で強い。ただし、無料サイト「47NEWS」は情報がスカスカ。

新聞の選び方

「最低2紙」はどの組み合わせがいいか？

佐藤 これまで、私たちが目を通している新聞と各新聞の特徴や変化について話してきました。しかし、一般のビジネスパーソンが同じだけの時間と労力をかけるのは不可能ですし、その必要もないと思います。ここからは平均的なビジネスパーソンがどう新聞と付き合えばいいのか、具体的な技法に話を移しましょう。

池上　**まず大前提として、1日5分でもいいから、継続して新聞に目を通す習慣をつくってほしい**ですね。いまニュースサイトしか見ていない人が久しぶりに新聞を読むと、同じ時間でとれる情報量の多さに驚くはずです。

佐藤　そのうえで、先ほども話題になったように、**できれば全国紙1紙だけではなく、地方紙を含めた複数紙を併読してほしい**ところですね。

池上　**時間がとれない人は2紙でもいい**と思います。併読することで、それぞれの新聞で足りない部分を補い合って理解が深まりますし、「ひとつのテーマについてもさまざまな伝え方がある」ことがわかります。

佐藤　では、どの2紙を選べばいいのか。これには絶対の正解はありません。**『朝日新聞』『読売新聞』『産経新聞』『毎日新聞』『日本経済新聞』**に**『東京新聞』**を加えた6紙のうちなら、どれでも基本的に構わないと思います。**自分と相性の合う新聞をまず1紙選ぶ**。地方在住の人は、ブロック紙や県紙でもいい。そのうえで、**別の論調の新聞も読んで、情報や論調をクロスチェックすると、世の中を見る目が養われます**。

▼
1日5分でも、継続して
新聞に目を通す習慣をつくる

池上　どちらかに偏るのは避けて、「1紙は保守系、もう1紙はリベラル系」というように、論調の異なる新聞を2つ読むようにしたいですね。新聞にはそれぞれ「独自のクセ」がありますが、1紙しか読んでいないと、そのクセを自覚しなくなってしまうので。

『朝日新聞』『読売新聞』『毎日新聞』の読み方

佐藤　読者がよく読んでいる個別の新聞にも言及しておきましょう。『朝日新聞』の論調は、好き嫌いがはっきり分かれますが、国会議員や官僚といったパワーエリートが好んで読み、その影響下にあるのは紛れもない事実です。『朝日新聞』の論調が嫌いな人も、せめて「朝日新聞デジタル」に目を通す習慣をつけたほうがいいでしょう。

池上　『朝日新聞』は日曜日に掲載される書評も充実していますね。書籍の広告も、他紙よりも多い傾向があります。

佐藤　『朝日新聞』の書評や書籍広告には、出版業界の人も注目しています。一方、対極として語られることの多い『読売新聞』は、いま「安倍政権の機関紙」のようになっていますね。安倍首相と親しい主筆の渡邉恒雄氏のカラーが非常に強く出て

新聞を2紙併読すると、
世の中を見る目が養われる

います。たとえていえばソ連時代の『プラウダ』と同じで、これはこれでやはり読んでおかなければいけない。

池上 そういう意味では『読売新聞』には「ナベツネ個人商店の新聞」というイメージがありますね。それは別にしても、『読売新聞』は特色として海外関係の記事が充実していると思います。2016年9月に北朝鮮が5度目の核実験を実施した際、『読売新聞』の解説は膨大な分量があり、他紙を圧倒していました。国際情勢に詳しくなりたい人は、読むといいでしょう。

佐藤 それに新聞ウォッチャーのあいだでは、『読売新聞』は生活面、とくに「人生案内」（人生相談）が面白いという共通見解もありますね。『毎日新聞』は、個々の記者のパワーがあります。たとえば北海道の根室にいる本間浩昭《ひろあき》記者。北方領土関連の記事では、彼の右に出る記者は日本にはいません。『琉球新報』と提携していて記事が転載されることもあるので、沖縄の状況を等身大で読むことができるのもプラスのポイントです。

池上 『毎日新聞』は、先ほども述べましたがオピニオン面の「記者の目」もいいですね。記者が実名で自分の意見を主張するコーナーで、ときには会社の社論と異なる見解が出ることもあります。社内の自由な雰囲気がよく伝わってきます。

僕らの極意 09

エリート層が『朝日新聞』を読んでいるのは事実。朝日の論調が嫌いでも「朝日新聞デジタル」は目を通すべき。

僕らの極意 10

『読売新聞』は海外面と生活面が充実している。『毎日新聞』は個々の記者の力が強い。

『日本経済新聞』を読むときの注意点

池上　それとひとつ注意したいのが、若手ビジネスパーソンや就職活動を始めた大学生が陥りがちな『日本経済新聞』の罠です。向上心の高い若者ほど、いきなり『日本経済新聞』を読もうとして挫折してしまうんですよ。そもそも、日ごろから一般紙を読んでいない人がいきなり『日本経済新聞』を読もうとしても、これはハードルが高すぎます。

佐藤　私は少し前まで『日本経済新聞』は定期購読しておらず、時々目を通す程度でした。しかし経済を「売り」にしているだけあって、ビットコインやユーロに関する情報は質量ともに群を抜いています。それらは国際政治に関係するので、電子版の購読を２０１４年の春ごろから始めました。

池上　よく「『日本経済新聞』は難しくてよくわからない」という人がいますが、それは当たり前なんですよ。そもそも新聞は毎日読んでくれている定期読者を念頭に、大事なお客さんが飽きないよう、煩わしく感じないように、さまざまな「前提」を飛ばして書いています。経済の専門紙ともなれば、なおさらです。だから新聞に慣れていない人は、無理せず一般紙から読みはじめるのがいいですね。

佐藤　読書と同じで、「自分の知識レベル」を客観的に見極め、背伸びしすぎないことです。理解できないものをいくら読んでも、目の運動にしかなりませんから。

僕らの
極意 11

『日本経済新聞』が難しい人は、無理せず一般紙から。「自分の知識レベル」から背伸びしすぎないのが大切。

定期購読1紙をまず決めて、駅売りも活用する
――時期によって読む新聞を変える

佐藤 そうそう、大事なことを伝えなければ。「読むのは2紙以上で」と言っていますが、**定期購読する新聞は、一般的なビジネスパーソンなら1紙で十分**です。

池上 佐藤さんと私が複数紙を定期購読しているのは、それが仕事だからですよ。

佐藤 一般のビジネスパーソンなら、まずいくつかの新聞を同時に買ってきて、読み比べてみます。その中で自分に合った全国紙を1紙選んで、定期購読する。その新聞をサッカーで言うところの**「ホームグラウンド」**にして、論調が違うほかの新聞を**「アウェー」**の感覚で、駅売りやコンビニを活用して時間と財布が許す範囲で買う。これでいいと思います。

池上 私自身、先ほど述べたように、定期購読している**『朝日新聞』『毎日新聞』『読売新聞』『日本経済新聞』『朝日小学生新聞』『毎日小学生新聞』**の6紙以外の**『東京新聞』**と**『産経新聞』**は、通勤途中に駅の売店で買っています。

佐藤 職場でとっている新聞を読むのでも構いませんが、「人間はケチな動物なので、

身銭を切ったほうが『取り戻そう』と思って一生懸命読み、記憶への定着率も高まる」という原則は忘れないほうがいいと思います。

池上　そういう人間心理は意外とバカにできませんよね。自分を省みても、情報や知識は身銭を切らなければ身につきにくいと私も思います。

佐藤　駅売りやコンビニで買う新聞は、時期によって変えられるのもいいですね。

▼▼▼

溜まった新聞は、1面と見出しだけ目を通す

——記憶が少しでもあるか、まったくないかの差は大きい

池上　あとは、くれぐれも無理をしないことですね。新聞読みが習慣化していない人の中には、「読まないといけない」と思いながら新聞を溜めてしまい、それが嫌で新聞を読むのをやめてしまう人も少なくありません。

佐藤　向上心という意味では完璧主義は悪いことではありませんが、それが足かせになっては本末転倒ですからね。

池上　完璧主義の人ほど、まじめに新聞に向き合おうとしすぎて、きちんと読むかまったく読まないかのオール・オア・ナッシングの思考に陥りやすいんですね。1

日読まなかったからといって、そこで習慣が止まってはもったいない。できる範囲でいいんですよ。

佐藤　朝と夜に新聞を開いてざっと目を通す。余裕があれば昼休みにも読んでみる。新聞を読むことが習慣になっていない人は、まずはその程度のざっくりしたスタンスで読みはじめるのがいいと思います。

池上　**もし新聞が大量に溜まってしまったら、直近の2週間分は丁寧に目を通して、それ以前は1面と見出しだけを通して見るだけでもいい**でしょう。見出しに目を通すだけでも、意識の片隅には記憶されるので。

佐藤　おぼろげな記憶でも、記憶が少しでもあるのとまったくないのとでは、情報のベースとして大きな違いが出ますからね。無理のない範囲で、なるべく多くの情報に当たる。そのくらいのスタンスで、**継続を第一目標**にしてみてください。

僕らの
極意
12

定期購読する1紙を決め、あとは駅売りを活用。溜まった新聞は、見出しだけでも目を通す。

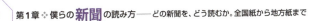

新聞の読み方

新聞は「飛ばし読み」が基本
——「見出し」と「リード」に目を通し、迷ったら読まない

佐藤　ここからは「新聞をどう読むか」の技法に話を移しましょう。

池上　読むといっても、一字一句すべてを通読する必要はありません。新聞はあくまで「飛ばし読み」が基本です。朝刊の文字数はおよそ20万文字と言われていて、書籍にすれば新書約2冊分。じっくり読んでいたら、それだけで1日が終わってしまいます。

佐藤　私も「見出しを見て、読むかどうか迷った記事は読まない」を原則にしています。一般的なビジネスパーソンが新聞にかける時間は1日2時間が限度でしょう。理想をいえば、精読のスピードを上げて1時間で済ませたい。

池上　そうですね。1時間で精読できる記事といえば、ベタ記事を含めて全部で30から50程度でしょうか。「ベタ記事」というのは業界用語で、1段のスペースに十数行程度の短い記事のことです。

▼
新聞は「飛ばし読み」が基本で
読むか迷った記事は読まない

2人の平均的な1日と新聞を読む時間

池上

6:00	起床
	▼
	新聞8紙を20分でざっとチェック(『朝日新聞』『毎日新聞』『読売新聞』『日本経済新聞』『中国新聞』『信濃毎日新聞』『朝日小学生新聞』『毎日小学生新聞』)
	▼
7:00	電車で出勤。駅で買った新聞2紙(『東京新聞』『産経新聞』)を車内でざっとチェック
	▼
9:00	授業
	▼
	昼食
	▼
午後	打ち合わせ、取材など
	▼
	夕食
	▼
夜	原稿執筆などアウトプットの時間 明け方まで執筆することも多い(「夜型」というより「明け方型」)
	▼
	寝る前の入浴後、髪が自然に乾くまでの約1時間で、朝と通勤途中に目を通した10紙をきちんと読み直す(合間にパソコンで『ウォール・ストリート・ジャーナル日本版』にも目を通す)
	▼
	就寝(睡眠時間は平均4〜5時間)

佐藤

4:45	起床。歯磨き、洗面、ひげ剃り、ネコの餌やり
	▼
5:00	早朝に更新される電子版の新聞8紙をすべてチェック、1時間以内で終わらせる (『朝日新聞』『毎日新聞』『産経新聞』『日本経済新聞』『琉球新報』『沖縄タイムス』『聖教新聞』『ウォール・ストリート・ジャーナル日本版』)
	▼
6:00	(新聞チェックが終了次第)原稿執筆をスタート 疲れるまで原稿執筆 能率が落ちはじめたら中断し、資料整理や読書に移行、合間に残りの新聞2紙をチェックする (『東京新聞』『ニューヨーク・タイムズ』)
	▼
	昼食
	▼
午後	打ち合わせ、読書、原稿執筆など
	▼
	夕食
	▼
夜	読書などインプットの時間 締め切り状況によっては原稿執筆
	▼
	就寝(睡眠時間は平均3〜5時間)

※上記に記すのは平均的な1日のスケジュールです(池上氏は大学の授業がある日)
※執筆、取材状況によって変わることは多々あります　※2016年11月現在

佐藤　そう思います。だから大事なことは、「1日のうちで新聞にかける時間」をまずは決めることです。そのうえで、どの新聞をどの程度読むかを決める。新聞を読むことは、一部の職業人を除き「目的」であって「手段」ではありませんから。

池上　私の読み方は先ほども少し述べましたが、まずは新聞を一面からめくりながら、「見出し」をざっと見ます。朝はこれだけで済ませることが多いですね。夜にもう一度目を通すときは、朝に目を通したときに気になった記事の「リード」をまず読み、さらに興味があれば、本文に目を通します。ちなみに「リード」というのは、大きな記事に付いている、見出しと本文のあいだに書かれている文章のことです。

佐藤　「見出しだけで済ませる記事」「リードまで読む記事」「最後の本文まで読む記事」の3段階に分けて読むわけですね。

池上　そうです。というのも、新聞は「大事な大きなこと」から「付随的な小さなこと」へという「逆三角形」の構造で書かれているので。どの新聞記者も新人時代には、その順番で記事を書く訓練を徹底的に受けます。

佐藤　じつは私もまったく同じ読み方をしています。「見出し」と「リード」で読む読まないを判断するのがいちばん合理的という考え方ですね。

▼

「1日に新聞にかける時間」を決め、新聞記事は3段階に分けて読む

僕らの極意 13

新聞は「飛ばし読み」が基本。記事を読むかどうか、「見出し」と「リード」で判断し、迷った記事は読まない。

僕らの極意 14

「見出しだけで済ませる記事」「リードまで読む記事」「最後の本文まで読む記事」の3段階に分けて読む。

時間の許す範囲で、ベタ記事やコラム欄にも注意を払う

佐藤　ただし、新聞を読むときに難しいのは、記事の大小で重要度を判断できないことです。大きな記事はおのずと目に入るとして、紙面の下のほうに小さく載っている**「ベタ記事」だからといって無視できません**。

池上　「小さい記事＝小さいニュース」と思う人が多いですが、あとから大きな問題に発展することが案外あります。載せる記事の大きさを決める人がそのニュースの重要性を判断できず、小さな記事として載せてしまうケースもありますから。

佐藤　新聞記者というのは往々にして、自分の専門分野以外については詳しくないことが多いですからね。

池上　新聞社には社会部、政治部、経済部などの部門がありますが、それぞれの中でも担当分野が分かれています。だから、国際部でずっとアメリカ専門だった記者がデスクになり、当直のときに中東情勢やロシアのニュースが突然飛び込んできても、その重要性を判断できないことがある。そういう判断に困る内容は、たいていベタ記事で載ります。

佐藤　とりあえず載せておく、と。

池上　要はアリバイ証明です。もしそのニュースが大きな問題に発展したとき、まったく記事を載せていなかったら上司に怒られるので、小さく載せておく。

佐藤　「載ったか載らなかったか」で印象はぜんぜん違いますからね。

池上　だから新聞を読むときは、「自分ならこの記事よりこの記事を大きく載せるのに」「この小さな記事は今後、どう展開するだろう」と考えながら読むと、ニュースを読む力がさらに磨かれます。これも新聞を読むテクニックのひとつです。

佐藤　私も中東関係の記事などは、ベタ記事に注目しています。ただし、ベタ記事から重要な情報を得るには、その背景事情に関する膨大かつ正確な知識が必要です。

読者はあえてベタ記事までは踏み込まずに、池上さんやジャーナリストの手嶋龍一さんのような、ベタ記事をきちんと読んでそこから発展させる力のある人からの情報に頼るほうがいいかもしれません。

電子版のほうが紙より速く読める

池上 先ほど普段読んでいる新聞について伺ったとき、佐藤さんは『朝日新聞』『毎日新聞』『産経新聞』『日本経済新聞』『聖教新聞』『ウォール・ストリート・ジャーナル日本版』の6紙は電子版だけで読んでいるとおっしゃっていましたね。なぜ紙ではなく電子版なんですか？

佐藤 いろいろ試してみて、電子版のほうが速く読めることがわかったんですよ。ざっと全体を見渡すのに、紙の約半分の時間で済みます。

池上 新聞社のニュースサイトと違って、紙面と同じレイアウトだから速く読めるわけですか？

佐藤 はい。電子版を使えば、1紙5分程度で主要なニュースを押さえられます。いずれも毎朝5時ごろに更新され、最終版と同じ紙面を読むことができます。『朝

▼
電子版を使えば、1紙5分で
主要ニュースを押さえられる

日新聞』や『毎日新聞』は地方版も電子化されているので、それも便利ですね。

池上 各新聞社のニュースサイトでは記事が時系列で表示されるなど、最新ニュースの全体像をつかむのには時間がかかってしまいますよね。やはり**俯瞰して見ることのできる「一覧性」こそ新聞のよさで、だからこそ速く読める**わけです。ところで沖縄の2紙は、紙と電子版の両方で見ているのは、どういう意図ですか?

佐藤 じつは一時期、**『琉球新報』**と**『沖縄タイムス』**も電子版だけにしたんですよ。この2紙は電子日本語版も、電子英語版も非常に充実しています。でも、電子版は紙でスクラップをつくろうと思えば、自分でプリントアウトしなければいけないでしょう。『琉球新報』と『沖縄タイムス』は仕事に直結するので特別に紙のスクラップをつくることもあり、結局、切り抜き用に紙でも定期購読するようになりました。

池上 なるほど、**私の場合は、新聞の切り抜きやスクラップ、保管まで含めて習慣になっているので、すべて紙で読んでいます**。ただ最近は、紙はスペースをとるということもあって、電子版に移行している人も多いと思います。電車の中でも、紙の新聞を広げている人の姿を見かけることが、だいぶ少なくなりました。

佐藤 そう考えると、電子版には省スペースという利点もあるかもしれませんね。

折込チラシや『GLOBE』の読み方

池上 紙ならではのメリットとしては、新聞の折込チラシもありますよね。私のように新聞を複数紙、定期購読していると、新聞によって折込チラシの量にもかなりの違いがあることがわかります。

佐藤 同じ全国紙でも、『○○新聞』はチラシが多く、『△△新聞』はチラシが少ないということもありますからね。

池上 どの新聞の読者がいちばん購買力をもっているか、その新聞の部数が多いか少ないかは、折込チラシから推測することもできます。「折込チラシが少なくて整理がラクだから『△△新聞』をとる」という考えの人もいるのでしょうが。

佐藤 チラシもよく見ていると、物価や、はやりすたりなどの社会のムードを知ることができますよね。ただ私の家の地域だと、そもそも折込チラシがあまり入らないんですよ。マンションも多いので、住人はいるのですが。

池上 折込チラシ以外の、新聞に掲載されている広告や別刷りの折込版などは、以前は電子版では割愛されていたようですが、最近は新聞によっては掲載されている

新聞の折込チラシで、
物価や社会のムードがわかる

ようですね。

佐藤　ええ。広告や別刷りの折込版も含めて電子版で読めるようになってきているので、助かっています。たとえば『**朝日新聞**』で毎月第1日曜日に発行される『**GLOBE**』も、電子版で読めます。『**GLOBE**』は『**朝日新聞**』本紙とは別の**国際情報専門紙と考えるべきで、非常に質の高い記事を出しています**。

池上　『GLOBE』は特集にもよりますが、面白い記事が載りますよね。ただ横書きなのが私にはちょっと馴染めませんが。あれは『**ニューヨーク・タイムズ**』の日曜版についてくる『**ニューヨーク・タイムズ・マガジン**』がモデルでしょうね。本紙よりも深い分析や、ちょっとしゃれたエッセイが載るセレブやインテリ層向けの別冊なので、広告がつくんですよ。『朝日新聞』もそれを研究したんだと思います。いまは『**日本経済新聞**』も同じような試みをしていますね。

『GLOBE』

僕らの極意 15

電子版を使えば、1紙5分で主要ニュースを押さえられる。紙には切り抜きしやすい、折込チラシなどのメリットも。

記事の保管・整理

気になる記事はページごと切り取り、しばらく寝かせる
——ニュースバリューを時間に判断してもらう

佐藤 いま話に出ましたが、新聞では「保管」も大きな問題ですね。気になった記事をどう保管するか、頭を悩ませている人も多いと思います。池上さんの新聞整理術はとくに明快なので、いろいろなところで紹介しています。

池上 ありがとうございます。**私のやり方は、気になる記事があればページごと破ってとっておく、第一段階はそれだけなのでハードルは低い**と思います。

佐藤 ページごと破ってしまうシンプルさがいいですね。日々のルーティンにするには手間は極力少ないほうがいいし、記事の一部だけ切り取ってしまうと、「何年何月何日」の記事かがわからなくなり、あとあと困ることになりかねません。

池上 その点、ページごと切っておけば当然、日付も載っています。切り取ったページはしばらく何もせず、ただ保管しておきます。その時点ではファイルしたり分類したりは一切しません。

▼
気になる記事があれば、
ページごと破る

佐藤　しばらく「ニュースを寝かせる」わけですね。

池上　そうです。ほとんどの記事は、掲載された時点ではどのくらい重要なのか判断できません。ベタ記事のところで話しましたが、「大きな記事＝重要」「小さな記事＝重要でない」とは限りませんので。

佐藤　あえてしばらく時間を置くことで、記事の重要度をはかるのですね。

池上　「ニュースバリューを時間に判断してもらう」というのが私の工夫です。最近はスクラップをつくるまでの時間があまりとれませんが、スクラップ保存をする場合は、記事を数週間そのまま寝かせておいたあとにします。改めてそのニュースが重要だと思ったときに、もう一度引っ張り出してきます。

▼▼▼

テーマごとにクリアファイルで整理、ジャンルは徐々に細かくする

佐藤　「ニュースを寝かせた」あと、重要だと判断した記事はどうしているのですか。

池上　最初は「政治」「経済」「国際情勢」「文化」など大きなジャンル別に分けて、テーマごとのクリアファイルにそのまま入れていきます。そして同じジャンルの記事が溜まってきたら、「政治」の中でも「自民党」「民進党」「その他野党」などと、

▼

記事のニュースバリューは
時間に判断してもらう

2人の記事の保管・整理術

池上	佐藤
気になる記事はページごと破る	
分類せずに、ただ保管する（しばらく寝かせる）	
（書店の紙袋を使用）	（ゆうパックの段ボールを使用）
重要と判断した記事は、「政治」「経済」「国際情勢」「文化」など大きなジャンル別に分類していく	重要と判断した記事はスキャナーでデジタル化する（仕事用に特別に紙のスクラップをつくることもある）
テーマごとにクリアファイルに入れておく（スクラップする時間がないため）	エバーノートに保存（分類・整理はしない）電子版の記事はコピー＆ペーストして、直接エバーノートに保存
同じジャンルの記事が増えてきたら、ジャンルを細分化していく（「政治」→「自民党」「民進党」「その他野党」など）	デジタル化した記事は紙を破棄する

整理にかける「時間」と「労力」を最少にする

さらに細かくどんどんジャンルを分けていきます。この流れは次章で扱う「雑誌記事」の保管でも基本は同じです。割合としてはやはり新聞が中心ですが。

佐藤　私も池上さんに倣ってほぼ同じ方法をとっていますが、破いた新聞はいったん「ゆうパック」の箱（大）に投げ入れておき、空き時間にまとめてスキャナーで記事をデジタル化します。デジタル化した記事は「エバーノート」に入れて、切り抜きした紙は捨ててしまいます。あとでネットの章でもお話ししますが、「エバーノート」に入れた記事は、整理もしません。検索機能が優れているので、それで十分なんです。

池上　きちんと保存する記事を選別しているわけですね。

佐藤　整理術の要諦は「整理にかける『時間』と『労力』を最少にすること」です。私が最近、紙のスクラップは原則やめて「エバーノート」を使うようになったのも、時間をかけないで済むからです。

池上　私も以前はＡ４のコピー用紙に貼りつけて分類整理したりしていましたが、最近はその時間がとれないこともあり、やめてしまいました。スクラップにしろ記事のデジタル化にしろ、分類や保管に時間とエネルギーをかけすぎないことですね。完璧主義を目指すと続きませんから。自分のやりやすいようにアレンジする、いい加減なくらいでちょうどいいんです。

僕らの極意 16

記事の整理は、切り抜いたあと少し時間を置いて。保管と整理にかける「時間」と「労力」は最少にする。

スクラップ・サービスを利用する

佐藤　どうしても時間がとれないときは、スクラップの一部を外注に頼むという手段もあります。一般的にいって、カネのない人は時間があり、時間のない人はカネがある。私はモスクワにいるとき新聞を20紙以上購読していましたが、とてもすべてに目を通せないので、新聞読みのアルバイトを雇っていました。教えている大学の学生、数人に頼んで。

池上　スクラップの代行ということですか？

佐藤　はい。テーマを伝えて、関連する記事をすべてスクラップしてもらう。同時に、重要な記事やこちらの関心領域に近い記事があった場合は、すぐに電話で知らせてもらう体制をつくっていました。ただ、それができたのは、当時は月50ドルくらいでやってもらえたからです。いまだと月1000ドルはかかるでしょうから、個人ではなかなか難しいですね。

池上 日本だと「内外切抜通信社」がありますね。毎日新聞社のグループ会社で、特定のテーマやジャンルを登録しておくと、関連するニュースをすべて毎日メールで送ってくれる。ワンテーマにつき、月額1万5000円くらいからの料金体系だったと思います。ただ、多方面に目を光らせておくとなると、やはり金額もかさみ、情報量も多くなりすぎてしまいますね。

佐藤 機械的に情報を集める便利さもあるので、うまく使えるならいいですね。でも、ある程度の情報の価値判断、取捨選択をしてもらわないと、結局、送られてきた情報を確認するのにも時間がかかってしまう。経済的に余裕があれば、自分と日常的に話をしていて、書いたものも読んでくれているような人に専属になってもらうのが理想なんですが。

池上 価値観を共有できる、もうひとりの自分のような存在はぜひ欲しいですね。

佐藤 ただ、現実的には大変でしょうね。ジャンルやニュースによっては、既存のメディア以外にも触手を伸ばしてもらわないと、欲しい情報が手に入りませんから。たとえば、ぜんぜん違う政党機関紙を読むことも必要になってくるので。

池上　そのあたりの判断は教えられるものではないし、ましてマニュアル化できるものでもありませんからね。

佐藤　まずはビジネスパーソンには、自力で新聞を読む時間をつくって、続けて習慣にしていくことをすすめます。それが**ニュースを読む地力を養う**ことにもなりますから。

池上　続けているうちにコツがつかめ、必要な情報を得るスピードも上がっていきます。**関心分野なんて、新聞をパッと開いた瞬間、キーワードが目に飛び込んでくる**ようになりますよ。

佐藤　そうなんです。そこで時間に余裕ができれば、ほかの情報源に当たることもできます。ただし最初から飛ばしすぎないこと。繰り返しになりますが、新聞に関しては、まず**継続して読むことを第一**に取り組んでほしいですね。

継続を第一目標に、まずは新聞を読む習慣をつける

【コラム❶】海外紙・夕刊紙・スポーツ紙の読み方

ビジネスパーソンの海外紙との付き合い方

池上 新聞の読み方についての話をすると、「海外紙には目を通したほうがいいのですか？」「どの海外紙を読めばいいでしょう？」という質問も必ず受けるので、それについても触れておきましょう。

佐藤 **私は『ニューヨーク・タイムズ』は毎日15分程度かけて注意深く読んでいます**。世界標準の国際ニュースが読め、国際社会においてニュースはこういうことだというのを知ることができます。池上さんは海外紙には目を通していますか？

池上 **イギリスの経済紙『フィナンシャル・タイムズ』には目を通します**。『ニューヨーク・タイムズ』やアメリカのニュース誌『タイム』のような気取った表現、持って回った言い回しを使わないので、基本的な経済の用語さえ知っていれば誰でも読めます。私は駅売りで買っていますが、キオスクでは販売がなく、一部のホームの新聞雑誌販売所にしかないんです。しかも1紙630円と、かなり高い。

佐藤 なかなかの価格設定ですね。

池上　ただ英語の文章がすごく平易なんです。経済に関するテクニカルタームさえ知っていればスラスラ読める。**『フィナンシャル・タイムズ』は別格です。英語の勉強にもいい**ですよ。

佐藤　たしかに。ただ**私は海外紙に関しては日本語版で読むことも多いです。たとえば『ウォール・ストリート・ジャーナル日本版』は毎日、パソコンで目を通しています**。ここにはCNNのニュースも出ています。中東関係のニュースはそれまでは英語で読んでいましたが、このサイトで日本語で読めるようになったので、フォローするのがラクになりました。その分の時間で、解説記事を読めますから。

池上　**私も『ウォール・ストリート・ジャーナル日本版』は読んでいます**。定期的に読んでいる海外紙はそのくらいかな。

佐藤　ロシア語の新聞では、高級紙の**『イズベスチヤ』**と、国防省の機関紙**『クラースナヤ・ズベズダー』**は重要な情報源で、少し前まではモスクワから空輸して毎日目を通していました。いまは電子版が無料で出ているので、それを読んでいます。ただ、海外紙については、第3章「ネットの使い方」とあわせて話したほうがよさそうですね。一般のビジネスパーソンが全国紙を併読し、地方紙にも目を通し、海外紙までチェックするとなると、経済的にも圧迫されますし、日常のルーティンとしてもキャパオーバーでしょう。

池上　**新聞は最大の情報源ですが、それだけがインプットではありません**からね。

夕刊紙やスポーツ紙にも重要な情報がある

佐藤　そういえば、夕刊紙やスポーツ紙の読み方についても触れていませんでしたね。最近はスポーツ紙も社会面を充実させていて、一般紙とは異なる視点でニュースを扱うようになってきています。ビジネスパーソンにとって日々の仕事で直接役に立つ情報という点ではそこまで重要度は高くはありませんが、池上さんは夕刊紙やスポーツ紙についてはどのようにご覧になっていますか？

池上　すみません、私はスポーツ紙は読まないんです。広島カープのファンなので、野球のニュースは気にしているのですが。スポーツ紙というと、「昔、よく某紙が私に関する飛ばし記事を書いてくれたなあ」という印象ばかりで……。夕刊紙も読んでいません。毛嫌いしているわけではなく、単純に時間配分を考えると優先順位が後方になり、そこまで手が回らなくて。

佐藤　そうでしたか。私は夕刊紙やスポーツ紙の社会面には、意外に重要な情報があると思っているんですよ。政局などに関しての識者のコメントを見ても、一般紙だったら遠慮するような内容でも、夕刊紙やスポーツ紙なら、興味を引くよう、読みやすいようにエッジを効かせて思い切って書いていることが多いでしょう。『夕刊フジ』や『日刊ゲンダイ』は重要な情報源です。

池上　佐藤さんがそうおっしゃるなら、今度ちょっと目を通してみますか。

佐藤　夕刊紙は書評もなかなかいいんですよ。私は『日刊ゲンダイ』に書評を連載していますが、読者の反応がとてもいいです。店頭でその都度お金を出して買うので、元をとろうとしてしっかり読む人が多いんでしょうね。

＊本書の掲載順に記載しています
＊紙面画像の無断での転載・改変・複製・頒布を禁止します

(p.45)
『朝日新聞』2016年10月25日
『毎日新聞』2016年10月25日
『読売新聞』2016年10月25日
『日本経済新聞』2016年11月7日
『朝日小学生新聞』2016年11月6日
『毎日小学生新聞』2016年11月7日
『ウォール・ストリート・ジャーナル日本版』2016年11月10日
『東京新聞』2016年11月4日
『産経新聞』2016年10月25日
『中国新聞』2016年11月6日
『信濃毎日新聞』2016年11月8日

(p.47)
【紙版】
『東京新聞』2016年11月4日
『琉球新報』2016年11月7日
『沖縄タイムス』2016年11月7日
『ニューヨーク・タイムズ』2016年11月9日
【電子版】
『朝日新聞』2016年11月6日
『毎日新聞』2016年11月6日
『産経新聞』2016年10月31日
『日本経済新聞』2014年5月13日
『琉球新報』2016年10月4日
『沖縄タイムス』2016年7月17日
『聖教新聞』2016年11月11日
『ウォール・ストリート・ジャーナル日本版』2016年11月10日

(p.53)
「天声人語」(朝日新聞) 2016年10月25日
「編集手帳」(読売新聞) 2016年10月25日
「余録」(毎日新聞) 2016年10月25日
「産経抄」(産経新聞) 2016年10月25日
「記者の目」(毎日新聞) 2016年10月25日

(p.58)
『信濃毎日新聞』2016年11月8日
『南日本新聞』2016年10月10日
『上毛新聞』2016年11月8日
『中日新聞』2016年10月20日
『西日本新聞』2016年11月6日
『中国新聞』2016年11月6日
『北海道新聞』2016年11月7日

(p.68)
『しんぶん赤旗』2016年11月7日
『世界日報』2016年11月8日

(p.86)
『GLOBE』2016年11月6日

第2章

僕らの雑誌の読み方

週刊誌、月刊誌からビジネス誌、専門誌まで

雑誌の大前提

雑誌の世界は「定額読み放題」の登場で一変する

佐藤　雑誌の世界はいま、「電子雑誌の定額読み放題サービス」の登場によって、まさに過渡期を迎えようとしています。ドコモの提供する「dマガジン」やソフトバンク系の「ビューン」などが代表的なサービスですが、いずれも従来の紙の雑誌1冊分、あるいはそれ以下のコストで多種多様な雑誌を読める。まさに大革命です。

池上　そういったサービスが一般的になれば、媒体の価値観が一変してもおかしくありませんね。佐藤さんは利用されているんですか？

佐藤　2年ほど前から「dマガジン」を契約しています。月額400円＋税で160誌以上の雑誌が読み放題のサービスです（2016年11月現在）。

池上　ご覧になるのは、タブレットで？

佐藤　愛用しているアイパッドで、タクシー移動などの隙間時間に目を通しています。書籍を開くほどの余裕がない、ちょっとした5～10分程度の時間に便利です。隙間時間には、スマホでSNSやネットサーフィンをしている人が多いと思います

「ビューン」

「dマガジン」

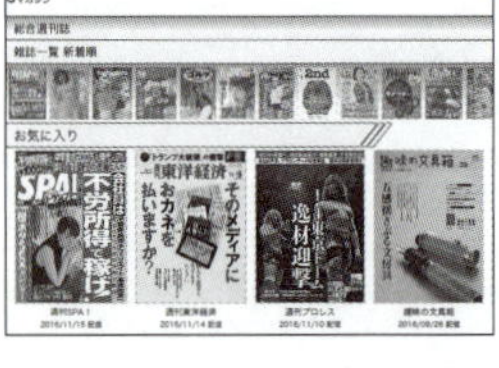

が、**私には電子版の雑誌を眺めているほうがインプットの効率もいいし、娯楽としてもよほど楽しい**。ぜひ読者にもおすすめしたいですね。

池上　ただ、定額読み放題といっても、全部の雑誌のすべてのページが読み放題というわけではないですよね？

佐藤　雑誌によって違いますが、**『週刊文春』**も**『ニューズウィーク日本版』**もほとんど読めますし、1週間、1ヶ月遅れでよければ、ほぼ全ページが読める雑誌も少なくありません。一部しか読めなくしている雑誌もありますが、そういう雑誌は結果として「dマガジン」内で読まれにくくなるようです。紙媒体の落ち込みを考えると、今後は全ページ読める雑誌が増え、雑誌のラインナップ自体も増えていくと思います。そうなると、**雑誌との付き合い方が根本的に変わります**ね。

池上　今後、ネットの通信環境もよくなり、さらに使い勝手がよくなりそうですね。

僕らの**極意** 17

電子雑誌の定額読み放題は、まさに革命。雑誌との付き合い方が劇的に変わる。

『ニューズウィーク日本版』

『週刊文春』

雑誌は興味や関心、視野を広げるのに役に立つ

池上　じつはですね、私もアイパッドを手に入れました。それまで使っていた「ギャラクシー」をスマホに機種変更したついでに入手しました。

佐藤　それはビッグニュースですね。池上さんの情報収集力がさらにバージョンアップするのでは。

池上　だといいのですが。とりあえずＢＢＣのアプリはインストールしてみたものの、まだ使いこなせていないんです。佐藤さんは「dマガジン」でどんな雑誌を読んでいるんですか？

佐藤　目についたものはだいたい何でもチェックしますが、目に留める回数が多いのは、やはり趣味系の雑誌ですね。趣味系の専門誌はふつうに買うと、わりと高いじゃないですか。たとえば枻《えい》出版社の『趣味の文具箱』は１５００円以上するものもあります。定期購読するほどのコアな趣味ではない雑誌も、「dマガジン」のラインナップに入っていると、お得感もあって、つい読みたくなるんですよ。

池上　そういえば佐藤さんは、万年筆の収集が趣味とおっしゃっていましたね。

『趣味の文具箱』

佐藤　はい。ただ、最近はだいたい気に入ったものが定まって、そこまで夢中なわけでもないので、だから『趣味の文具箱』は「読み放題」で読んでいるんでしょうね。『週刊プロレス』も似たような付き合い方をしている雑誌です。

池上　プロレスがお好きとは、はじめて聞きました。

佐藤　文房具と同じですよ。紙の雑誌を買うほどではなくても、「読み放題なら読む程度には好き」ということです。同じ趣味関連でも、本当に好きなジャンルの雑誌は、きちんと定期購読して紙で読んでいます。『ねこのきもち』や犬猫カメラマンの新《にい》美《み》敬《けい》子《こ》さんが連載している『猫びより』、それと厳密には月刊の新聞ですが『ねこ新聞』も。

池上　それはよくわかります。猫好きの佐藤さんらしい。

佐藤　そういうメインの興味以外の、ちょっと興味のあるジャンルの雑誌に、隙間時間にざっと目を通している感覚ですね。でもそれが結構、興味や関心、視野を広げていくうえで格好のツールになっているんです。雑誌というのはパラパラ読んでいると、意外な情報に出合ったりするじゃないですか。

池上　たしかに雑誌は「興味や関心、視野を広げる」のに役立ちますよね。新聞も同じですが、興味のないテーマや記事もページをめくるとおのずと目に入る。その

『ねこ新聞』

『猫びより』

『ねこのきもち』

『週刊プロレス』

点が、興味のある記事だけをクリックするネット情報と大きく違うところですね。

佐藤　「知りたいことだけ知ることができる」というネットの功罪は、最近の大きな問題のひとつです。どうせ同じ隙間時間なら、無料のネットサーフィンに時間を費やすより、きちんと編集・制作された雑誌を読んで、多様な情報を得たいと私なら思いますね。仕事に必要のない趣味や娯楽の情報でも、そのほうが質も高いし密度も濃いですから。それが月に数百円程度の負担で済むならなおさらです。

僕らの
極意
18

「知りたいことだけ知れる」のがネットの功罪。雑誌は「興味や関心、視野を広げる」ために役に立つ。

▼▼▼

一部の雑誌を除き、基本的に「娯楽」で読むもの
——ただし読み手には「娯楽」でも、編集部は真剣につくっている

佐藤　そもそも雑誌には大きく分けて2つの要素があります。ひとつは楽しみなが

ら読む「娯楽」の要素。もうひとつは仕事に役立つ知識や情報を入手する「実用性」の要素です。もちろん虹のスペクトルと同じで完全に分類はできませんが。

池上　経済誌や学術誌などの「勉強や仕事のために読む雑誌」と、週刊誌をはじめとした「娯楽のために読む雑誌」という分け方もできますね。

佐藤　そうですね。ただ突き詰めて考えると、大多数のビジネスパーソンにとって、一部の学術誌や経済誌を除いたほとんどの雑誌は、仕事において必要不可欠なものではありません。つまり、「雑誌は基本的に娯楽で読むもの」と考えるのが現実に即していると思います。だからといって「それなら必要ない」と考えるのは早計で、うまく使えば興味や関心、視野を広げる格好のツールになるわけです。

池上　新聞やネットには書かれていないような、雑誌ならではの情報もありますからね。

佐藤　大事な点は「読み手には娯楽の雑誌でも、つくり手は真剣にお金と人手をかけてつくっている」ということです。もちろん例外もありますが、どの程度のお金と人手をかけてつくっているかと、その結果としてできるコンテンツの質には、多かれ少なかれ相関関係があると思います。新聞のコンテンツが優れているのは、あれだけの人とカネをかけているからですよ。

▼
雑誌には「娯楽」と「実用性」の2つの要素がある

池上　そうですね。ほかにも、**「編集」「校閲」という2つの機能が働いている点が大きい**ですね。これは新聞にもあてはまる話ですが、明らかなデマや事実誤認の記事は、編集部のフィルター機能ではじかれる確率が高い。新聞に比べれば部数が少ないので、普段から雑誌を買ってくれる「特定のお客さん向け」に、やや趣味嗜好の偏った記事や大胆な仮説が載ることはあるでしょうが。

佐藤　だとしても、完全に事実誤認の内容は編集部や校閲者の指摘が入りますよね。そのあたりのチェックがいい加減な雑誌は、遅かれ早かれ読者の信用を失い、淘汰されるでしょう。

池上　とくに多くの雑誌の販売部数が右肩下がりになっているいま、生き残っている雑誌の情報は、なんのかんのと言っても一定のクオリティを保っていると考えていいかもしれませんね。

僕らの極意 19

雑誌には「娯楽」と「実用性」の要素がある。ただし「雑誌は娯楽で読むもの」と考えるのが基本。

週刊誌

週刊誌では大まかな世間の雰囲気をつかむ

——週刊誌は「読書人階級」の娯楽

佐藤　総論はこのくらいにして、私たちが目を通している個々の雑誌の話に移りましょう。まずは部数の多い一般的な週刊誌の話から。池上さんも私も、週刊誌では連載をいくつか書いていますが、読者の立場として**『週刊文春』『週刊新潮』『週刊現代』『週刊ポスト』**といった総合週刊誌とはどう付き合っていますか？

池上　頻繁に目を通す週刊誌はどうしても経済誌が多くなりますが、総合週刊誌も新聞広告や中吊りは欠かさず見ています。週刊誌は世の中で何が話題になっているのかをチェックするのに便利ですよね。酒の席で知っておくと話が広がるようなネタが多い。といっても私は下戸ですが。

佐藤　週刊誌は世の中の雰囲気を押さえたり、何が話題になっているかといったトレンドを知るのに適していますね。時事問

『週刊文春』

『週刊新潮』

『週刊現代』

『週刊ポスト』

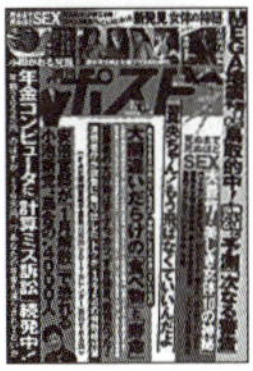

題に関しては専門家がコメントすることもあり、企画や広報、マーケティングなどの仕事をする人には実務的に役に立つ面もあります。ただ、一般のビジネスパーソンが「知識や教養を身につける」という意味では不可欠なものではありませんし、ビジネスの表舞台で役に立つ「実用性」の情報は多くありませんね。

池上 基本は「娯楽として読むもの」ですからね。

佐藤 ひとことでいえば、**総合週刊誌や総合月刊誌は「『読書人階級』のための娯楽」**だと思うんですよ。

池上 「読書人階級」ですか？

佐藤 はい。私の造語なんですが、新聞、雑誌、書籍といった活字を日常的に読んでいる層を指します。そもそも一般的な情報への接し方は、人によって大きく3タイプに分かれますよね。まず**「活字を日常的に読む読書人階級」**、そして**「新聞も雑誌も書籍も読まない、テレビやネットしか見ない層」**、その中間に**「書籍は読まないけれど、新聞だけは日常的に読む層」**というイメージです。

池上 たしかに、年配の人を中心に、「新聞だけは毎日熱心に読む層」は確実に存在します。佐藤さんのおっしゃる「読書人階級」は、日本にはどのくらいいるとお考えですか？

情報への接し方は、人によって大きく3タイプに分かれる

佐藤　あくまでも感覚的な数字ですが、おそらく日本に２００万人ほどいると思っています。

池上　週刊誌には作家の連載コラムも多いですから、読書好きにはたしかに親和性が高いですね。「総合週刊誌や総合月刊誌は『読書人階級』のための娯楽」というのは言い得て妙です。

僕らの極意 20

週刊誌は「読書人階級のための娯楽」。世の中の雰囲気や流行の話題をつかむのに便利。

▼▼▼

週刊誌の影響力は侮れない
——週刊誌は人間のドス黒い感情をすくいとるのがうまい

佐藤　週刊誌ならではの情報のひとつに、内部告発のスクープがあります。内部告発というのは、まあたいていの場合、個人的な恨みつらみで起こりますよね。人事に納得がいかないとか、嫉妬とか。そういう**人間のドス黒い感情をすくいとるのが週刊誌はうまい**。これも酒場のネタとして相性がいいですね。

池上 **スクープ記事は、どの雑誌に勢いがあるかの指標**にもなります。タレコミは基本的に、力のある媒体に行きますから。そういう意味で安定しているのは、いまは**『週刊文春』**でしょうか。

佐藤 『週刊文春』には、政治家や大臣のスキャンダルなど政治関係の記事がよく出ますが、それは編集部と現政権の距離が近く、政権内に情報源があるからだとも聞いています。政権内の権力闘争によって、政治家や大臣のスキャンダル情報が『週刊文春』に回ってくることもありそうです。

池上 編集部がかなり深く食い込んでいるんでしょうね。政治関係の記事でもよくリークがあるようですし。

佐藤 週刊誌のスクープについては、**週刊誌だけで終わってしまうか、新聞などほかのメディアが後追いするか、それが影響力の大小を決めるひとつの分かれ目**になります。週刊誌発のスクープで重要なものは、放っておいても新聞が追いかけてきますから。2014年の自民党小渕優子氏の政治資金問題は**『週刊新潮』**のスクープ、2016年の甘利明氏の現金授受疑惑や舛添要一氏の政治資金疑惑は『週刊文

▼ スクープ記事は、どの雑誌に勢いがあるかの指標になる

春』のスクープですが、それぞれ新聞やテレビが後追いした結果、大きな流れになりました。

池上　**スクープの広がりという点では、「ヤフーニュース」などのポータルサイトが果たす役割も大きい**ですね。たとえば、２０１４年8月に私が**『朝日新聞』**で連載しているコラムが掲載拒否されるという出来事がありました。その一連の問題も、『週刊文春』のデジタルサイトが掲載した記事を「ヤフーニュース」が取り上げたことで、いっきに多くの人の知るところになったようです。

佐藤　池上さんも著作の中で書いていましたが、『週刊文春』の記者が電話取材をしてきた時点で、すでに『週刊新潮』と**『プレジデント』**の記者が池上さんに不掲載の問い合わせをしていたそうですね。それを知って焦った『週刊文春』が、他誌を出し抜いて雑誌の発売前に、デジタルサイトでスクープ記事を出した。それを「ヤフーニュース」が取り上げて火がついた。そういった駆け引きが裏側であったのかもしれませんね。

池上　私もそう思っています。裏を返すと、いくら週刊誌がキャンペーンを張ったりスクープ記事を飛ばしたりしても、ポータルサイトが取り上げず、新聞やテレビも後追いしなければ、一般の人が認知するところまではなかなか広がりません。

『プレジデント』

佐藤　その点では、「週刊誌単発での影響力が弱っている」というのも事実ですね。ただ、その記事がほかのメディアに波及、転載される可能性があることを考えると、週刊誌の影響力はいまでも決して侮れないと思います。

週刊誌の問題点は、「正しい情報」の見極めが困難なこと

佐藤　ただし、週刊誌には「情報の信頼度」という致命的な問題があります。週刊誌には、スクープ記事もあれば、新聞やテレビが報じない裏情報もありますが、その中で「正しい情報」を見極めるのは、かなりの情報通でないとできません。

池上　出版社の編集者でも、ネタの真偽に迷うことがあるそうですからね。一般のビジネスパーソンが判断するのは至難の業でしょう。

佐藤　実際に「記者が裏付けをきちんととらずに書いているケース」もあり、事実誤認や解釈のズレも少なくはありませんからね。

池上　記者は情報の「裏をとる」のが基本ですが、速報性が求められる事件取材などでは、どこまでできているか疑問です。また、読み物としての面白さで売っている雑誌は、あらかじめ記者が構成をつくり、ただ言質をとるためだけに取材に来る

▼
週刊誌には「情報の信頼度」という致命的な問題もある

場合もありますから。最初からストーリーとオチが決まっているのです。

佐藤　もうひとつ注意が必要なのは、「週刊誌の記事はインパクトありき」だということです。すると、どうしても記事が過激になりがちです。経済ニュースにしても、少し株価が上がれば「日経平均は4万円を目指す」という記事が出たりする。目を引くような、極端な見出しをつけますね。

池上　インパクトがないと売れないのかもしれませんが、経済ニュースをきちんと知りたいなら、経済誌やビジネス誌をきちんと読むべきですね。そのほうが情報の精度が高い。ただ、なかには速報性も信用度も高い情報があるのも事実で、「週刊誌はすべて信頼できない」と一刀両断してしまうのも早計です。

佐藤　その点で面白かったのは、少し前に『週刊大衆』に載っていたプーチンの元夫人のインタビューです。「プーチン大統領はすでに暗殺されて影武者になっている」という内容ですが、それを読むと、夫人が精神に変調を来していて、離婚もやむを得なかった背景がよくわかります。元ネタとなったのはドイツの新聞『ベルト』の記事ですが、そのことからも、元夫人がそのころ西側にいたことや、プーチンの信用失墜を狙う西側の情報機関の動きなどが見えてきます。

池上　「週刊誌の記事にも価値の高い情報がある」という典型例ですね。「『週刊○○』

『ベルト』

『週刊大衆』

は信頼できて、『週刊△△』はあてにならない」とは一概に決めつけられません。

佐藤 どの週刊誌も基本はあくまで「娯楽」として読みつつ、記事の内容は鵜呑みにせず、興味や関心をもつ程度に留める。そして「自分が信頼できる書き手の記事を中心に読む」というのが、週刊誌との王道の付き合い方だと思います。

池上 次章で説明する「ネットの使い方」に共通するところがありますね。

僕らの極意 21

週刊誌の問題は「情報の真偽」がわからないこと。「信頼できる書き手の記事」を中心に読むのが基本。

経済誌・ビジネス誌

『週刊東洋経済』など経済誌・ビジネス誌の読み方

池上 ビジネスパーソンにチェックしてほしい週刊誌というと、どうしても経済

誌・ビジネス誌になりますね。私は**『週刊東洋経済』『週刊ダイヤモンド』『週刊エコノミスト』『日経ビジネス』**の4誌は、必ず目を通すようにしています。

佐藤　私も『日経ビジネス』を除く3誌は毎週目を通しています。この対談本の版元が東洋経済新報社だから言うわけではありませんが、私は新聞と雑誌で月に約90の締め切りを抱えていて、その中で読者からの反響や質問が最も多いのが『週刊東洋経済』の**「知の技法　出世の作法」**という連載です。総合週刊誌に比べて部数は少ないですが、**一部上場企業に勤めるようなハイエンドなビジネスパーソンが、しっかり読み込んでいるのが経済誌やビジネス誌**なのでしょう。

池上　**新聞が報じられなかった特ダネも結構出ていますよ**ね。企業広告が多数掲載されているのに、企業の暗部に切り込んだ記事も登場するので参考になります。

佐藤　経済誌を読んでいてもうひとつ思うのは、よくも悪くも編集部の方針をあまり感じないことです。**論壇誌やオピニオン誌と違って、特定の主義主張に固執することがない**。だから、**その時々のトレンドやニュースを、かなり公平な視点で見ることができます**。

池上　それは私も思います。たとえば『週刊エコノミスト』は実務レベルの話というより経済学者やエコノミストの論文が中心で、海外のニュースも多い。読み物と

『日経ビジネス』

『週刊エコノミスト』

『週刊ダイヤモンド』

『週刊東洋経済』

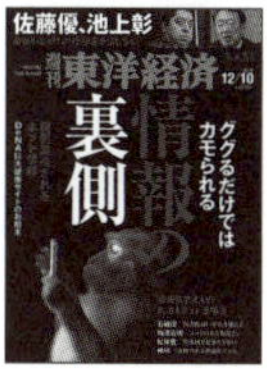

してはやや退屈で、現場ですぐ役に立つ情報ではありませんが、「この問題を学問的に考えるときにはどうしたらいいか」という視点でものを見る勉強になります。

佐藤 月刊誌だと**『プレジデント』**は特集テーマに興味があるときに買って読んでいます。新幹線に乗ったときには、グリーン車の座席に差してある**『Wedge（ウェッジ）』**にも目を通します。

池上 『プレジデント』は**「トップの読書術」**という連載をしていて掲載誌を送ってくれるので、私も目を通しています。

経済誌・ビジネス誌を読むメリットは？

池上 経済誌の特徴は、いわゆる「特集主義」で編集されていることですね。その1週間なり1ヶ月で起きた出来事を網羅的に解説する記事とは別に、編集部が頭をひねって企画し、幅広い取材をして、大きな特集を毎号組んでいます。

佐藤 それゆえビジネス誌の売り上げは、特集によって毎週、かなり変わるようですね。池上さんや私もそうですが、「この特集なら買う、買わない」という読者が多いのだと思います。

『Wedge』

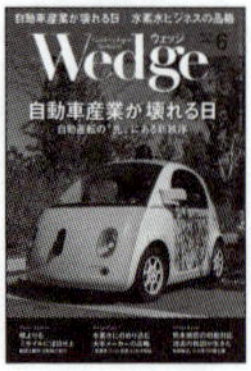

池上　だから同じ経済誌・ビジネス誌のくくりでも、厳密には内容がかぶらないいんですよね。**同じ週に発売されたものでも違うテーマを取り上げているので、複数の経済誌を読むことには意味があります**。たとえば**『週刊東洋経済』**と**『週刊ダイヤモンド』**はいわばライバル誌ですが、同じテーマを同時に扱うことはほとんどない。どちらがどの時期に、どんな特集を組むのか。同じ特集内容を比べたときの内容の差異、もっとはっきりいえば、どちらがより鋭い視点で切り込んでいるか。毎週読み比べるのも楽しみのひとつです。

佐藤　**ビジネス誌の特集記事のいいところは、書籍よりも情報が早いこと**ですね。シェールガスもドローンもピケティも、世の中で話題になりはじめた初期の段階で、先陣を切るように特集したでしょう。雑誌の宿命として鮮度重視の傾向があるので、あとから見ると情報が不正確なこともありますが、**経済やビジネスの動きを初動でざっと押さえるには便利**です。**雑誌は、いわば「水先案内人」**なんですね。

池上　いまの世の中で話題になっているものや、多くの人が興味をもっているキーワードがわかるので、特集テーマを知るだけでも勉強になりますね。雑誌はページ数が決まっているので、内容も簡潔にわかりやすくまとめてあることが多い。そういう意味で、**全体のフレームを大づかみするのにもいい**と思います。

▼雑誌は「水先案内人」。初動で全体の動きをざっと押さえる

佐藤　それも雑誌の利点ですね。ただ、「本格的に知識を身につけたい」と思ったら、やはり書籍に進むべきです。もし先鋭的なテーマでまだ書籍が出ていなくても、それが社会的に重要なテーマなら、関連する解説書がすぐに何冊も出版されます。そこで書籍に進み、深く学んでいく姿勢が大切です。

池上　そのときの良書の見分け方については、第4章でじっくり解説しましょう。

僕らの
極意
22

ビジネス誌の特集は、書籍よりも情報が早い。初動でざっと要点を押さえるのに便利。

月刊誌

『文藝春秋』は論壇カタログ

池上　ほかに一般誌というと、先ほども少し話に出ましたが、いわゆる月刊の一般総合誌ですね。

佐藤　総合月刊誌も情報収集という点ではさほど重要ではありませんが、周辺知識として役立つことはあります。ノンフィクション、小説、エッセイ、座談、人事情報、書評などありとあらゆる情報が1冊の雑誌に盛り込まれる総合雑誌は、ヨーロッパ、アメリカ、ロシアには存在しません。日本人の独特な情報感覚を反映したものとして考察するとそれも面白い。ビジネスパーソンにとって重要な月刊総合誌というと、やはり筆頭は**『文藝春秋』**でしょう。

池上　『文藝春秋』のような総合雑誌は、たしかに海外では見かけませんね。私は**「今月買った本」**という連載を交代で4ヶ月に一度受け持っているので、献本してもらって読んでいます。

佐藤　池上さんはテーマによって特集の記事も書いていますね。専門家が集まって議論する**「円卓」スタイル**は海外の雑誌にもありますが、分野の違う人たちが集まって井戸端会議をやり、それを商品にする**「座談」スタイル**は、おそらく日本の総合誌だけだと思います。**テレビのワイドショーはその「座談」スタイルの視聴覚版**なんですね。

池上　なるほど、その説明はわかりやすい。

『文藝春秋』

佐藤　『文藝春秋』に目を通したほうがいい理由は、ありとあらゆるものが入っている**「論壇カタログ」**だからです。ここで何が論壇におけるイシュー（論点）になるかが決まる。右か左かでいえば極度に右寄りではありますが。

池上　でも、いわゆる右というよりは、穏健な保守というイメージがあります。保守本流といいますか。

佐藤　その点でいうと、私は『文藝春秋』で連載を始めた当初、読者の顔がイメージできず「誰に向けて」原稿を書けばいいのかわからずに苦労しました。ところが、あるとき隠岐島に行って、役場や公民館などどこに行っても『文藝春秋』が置いてあるのを見たとき、はたとわかったんです。「ああ、地方の公立の小・中学校の校長先生や町長さん、村長さん、そういった方々を意識して書けばいいんだ」と。日本のいちばん根幹となる、下の押さえをしているところのエリート層が読む雑誌だから、健全な保守性というのが表れているんだと。

池上　それはわかりやすいイメージですね。各方面で活躍している、小中高の同級生同士を集めて紹介する連載グラビアページ**「同級生交歓」**などを見ても、**『文藝春秋』は日本の古くからのエリート層が読んでいる雑誌**だと私も感じています。

▼『文藝春秋』を見れば、いまの論壇のイシューがわかる

ほかの総合月刊誌の読み方

池上　ほかに総合誌でいうと、そこまで一般的ではありませんが、『選択』と『FACTA』の2誌は毎号、隅から隅まで読んでいます。『FACTA』は日経新聞出身で『選択』の元記者だった人が立ち上げた雑誌で、オリンパスの粉飾決算を特ダネで暴いて以降、内部告発のネタが集まっているようです。

佐藤　そのあたりはチェックしていないので、ぜひ読んでみます。

池上　2誌とも書店での扱いがないので直接購読のみになりますが、他媒体で取材を重ねてきた記者が本紙に書けなかったような裏話を多く載せているので、読み応えがありますよ。

佐藤　私が注意深く読んでいる総合誌は『世界』と『中央公論』です。いまはリベラル派の月刊誌がほぼなくなった中で、『世界』はその貴重な生き残りですから。

池上　『世界』は昔はよく読んでいましたが、最近

池上氏がよく読む総合誌

『選択』

『FACTA』

佐藤氏がよく読む総合誌

『世界』

『中央公論』

は時々目を通す程度かな。どのあたりに注目していますか？

佐藤　かつて『月刊現代』で書いていた執筆陣の多くがいまは『世界』で書いているので、リベラル派の雑誌として独自の位置付けにあります。『中央公論』は、親会社の『読売新聞』と一体化していて「安倍政権の機関誌」という側面があるので、現政権の意向をより深く知るためには、すごくいい媒体です。

池上　そういう側面はたしかにありますね。ただ『中央公論』には「読売本体とは違うんだぞ」と意地を見せる記事も時々、出ています。なかなか骨太なところがあるので、私もほぼ毎月のように買って読んでいます。

佐藤　それ以外で目を通すのは『新潮45』ですね。新潮社が今後どんなノンフィクション作品、新書、単行本を打ち出してくるかを先駆けて知ることができる「企画の宝箱」のような雑誌です。

池上　『新潮45』はここ数年で雰囲気が変わりましたね。以前は実際に起きた事件を追うノンフィクション記事が多かったのが、最近は「教養とは何か」というようなリベラルアーツ絡みの記事が増えてきました。とはいえ、佐藤さんがおっしゃるとおり、ノンフィクションもまだ強いですね。毎月必ず目を通しています。

佐藤　月刊誌の全体の傾向として、書籍化を前提にした「生産誌」の側面が強くな

『新潮45』

『月刊現代』

ってきているんですよね。雑誌単独では赤字だけれど、作家に連載をしてもらい、それを書籍化することで採算をとるという文芸誌や小説誌に近づいています。書き下ろしになると、「別に締め切りを守らなくても誰に迷惑をかけるわけでもない」という作家の論理が出てきて、原稿の約束を守らなくなりますからね。

池上　そういった事情もあるでしょうね。たしかに締め切りは大切ですから。

僕らの
極意
23

あらゆる情報が詰まった月刊誌は、日本独自のもの。「論壇カタログ」「企画の宝箱」として活用できる。

国際情報誌

国際情勢を知るためのおすすめの媒体

――『フォーサイト』『クーリエ・ジャポン』

池上　以前は新潮社の**『フォーサイト』**もよく買って読んでいました。２０１０年に紙媒体は休刊になりましたが、会員制のウェブフォーラムとして復活しています。国際情報誌として良質な情報が得られると思います。

佐藤　私も『フォーサイト』は昔から目を通していて、ウェブ版になっても読んでいます。同じく、質の高い海外の情報を読める日本語の媒体では、**『クーリエ・ジャポン』**もよかったですね。

池上　『クーリエ・ジャポン』の本家は、フランスの**『クーリエ・アンテルナショナル』**です。『クーリエ・アンテルナショナル』は世界各地の新聞雑誌の内容をコンパクトにまとめて提供する週刊の新聞で、日本では月刊誌の形に編集されていました。ただ、『クーリエ・ジャポン』は紙媒体が休刊になり、「デジタルベースの有料会員制コンテンツサービス」として生まれ変わりました。

『クーリエ・アンテルナショナル』

「フォーサイト」

佐藤　『クーリエ・ジャポン』も本家と同じく外国の新聞や雑誌の抄訳を載せていましたが、編集部の能力が高く、重要記事をはずしていませんでした。日本人の書き手による独自執筆は多くありませんが、それが逆に他誌とのいい差別化になっていました。『クーリエ・ジャポン』に目を通していれば、国際政治で何が問題になっているかを正確に捉えることができたと私も思います。会員制ウェブサービスの**「クーリエ・ジャポン」**に移行しても、その点がうまく引き継がれていると思います。

▼▼▼ 『フォーリン・アフェアーズ・リポート』はおすすめ

池上　国際情報誌では、『フォーリン・アフェアーズ・リポート』はおすすめです。もとになっているのはアメリカの外交問題評議会が出している**『フォーリン・アフェアーズ』**で、アメリカの駐ソ代理大使だったジョージ・ケナンがソ連について書き、戦後の東西冷戦のきっかけとなった、いわゆる「X論文」や、冷戦後の世界を予測したサミュエル・ハンチントンの「文明の衝突」が発表された雑誌です。なかなか鋭い論文を載せていて、その日本語訳を中心につくられているのが『フォーリン・アフェアーズ・リポート』です。

『フォーリン・アフェアーズ・リポート』

「クーリエ・ジャポン」

佐藤　『フォーリン・アフェアーズ・リポート』はあまり知られていませんが、アメリカの立場や外交政策について知るには格好の媒体です。アメリカ外交がわかれば、国際情勢の8割がわかります。それが国際基準になりますから。

池上　「シンクタンクの機関誌」ですが、世界的に影響力をもつ政治経済誌でもあります。定期購読になりますが、誰でも比較的入手しやすい。アメリカがこれからどんな政策をとろうとしているのかを見たいとき、『フォーリン・アフェアーズ・リポート』に出てくる論文を読むと、大まかな動向がわかります。

佐藤　靖国問題についても対露政策についても、安倍政権に対する牽制の論文が結構出ています。あるいは中国との関係についても、「日本はもっとうまくやれ」といった論文がよく出ていますね。

池上　私は『フォーリン・アフェアーズ』の発行元のニューヨークにある外交問題評議会の本部を案内してもらったことがありますが、いろいろな人たちが勉強会をやっていました。常に複数の講演や勉強会が開催されていて、それをもとにレポートや論文をつくっていたようです。本当にアメリカのさまざまな、右左もマチマチな知的エリートが集まる場になっています。

佐藤　定期購読会員になると、日本語のウェブサイトにアクセスできるようになり、わりと便利に使っています。『フォーリン・アフェアーズ・リポート』をすすめる理由は、日本語で読める情報源だからです。母国語が日本語の人たちにとっては、日本語で読める情報源は最大限、活用すべきですから。

僕らの
極意
24

『フォーリン・アフェアーズ・リポート』は、アメリカ外交を知る格好の媒体。日本語サイトもある。

▼▼▼

日本語で読めるものは、日本語でまず読む

佐藤　よく学生の間違いで多いのは、いきなり欲張って原文の英語で読もうとして、挫折するケースです。せっかく日本語になっているのなら、まずそれを読んで、そこで本当に気になったものだけ原文に当たればいい。手っ取り早く情報を得られる点では、『フォーリン・アフェアーズ・リポート』は非常にいいものです。

池上　そうですね。ただ難点をあげると時々、日本語訳が読みづらい。

佐藤　グーグル翻訳じゃないかと疑わしいものもありますね。誰かが訳しているにしても、きっと翻訳の単価が安いのでしょう。何しろ、本家の『フォーリン・アフェアーズ』は原稿料を払わないそうですから。

池上　そうなんですか？

佐藤　なぜそれを知ったかというと、『月刊日本』という右翼雑誌があります。あるとき評論家の副島隆彦《そえじまたかひこ》さんが、編集部に原稿料はないと言われて「タダでは書かない」とやりあったとき、編集部から出てきたセリフが「『フォーリン・アフェアーズ』だって原稿料は払わないんだ」と。

池上　そんな例で使われているとは、外交問題評議会も思っていないでしょうね。

佐藤　いまのは笑い話ですが、コアな右翼関係の話は『月刊日本』は面白いですよ。安倍政権に対して批判的で、沖縄の大江健三郎裁判では「曽野綾子の誤読から始まっている」という大江さんサイドの見解です。コアな、民族派の右翼の理論的な考え方がすごくよくわかります。

池上　佐藤さんは、たしか左系の雑誌もご覧になっていますね。

佐藤　はい。社会主義協会の発行している月刊『社会主義』は、自治労や組合系、マル経系統の人たちの経済分析などが読めるのでいいですね。そういう極端な考え

『情況』

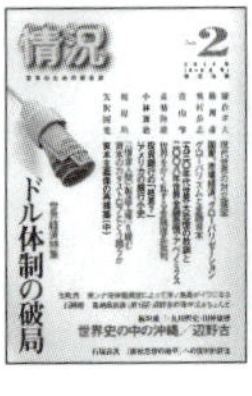

『社会主義』

『月刊日本』

方を読むのも私は好きです。同じく『情況』も新左翼の人たちが世の中をどう見ているかがわかるので目を通しています。ピケティについても、早い段階で経済学者の的場《まとば》昭弘《あきひろ》さんが的確な論考を書いていましたね。

僕らの極意 25

日本語で読める海外情報は、貴重な情報源。まず日本語で読み、気になるものだけ原文を読む。

専門誌

マニアックな専門誌の意外な効用

佐藤　ちょっとマニアックな専門誌でいうと、アマチュア無線の専門誌『CQ ham radio』も時々目を通しています。電気技師だった父親の影響で小学6年生のときにアマチュア無線の免許をとったんですが、それから1年くらいは四六時中、食事

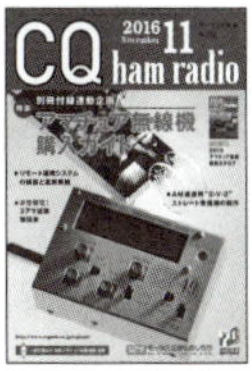

『CQ ham radio』

のときもトイレに行くときも、３・５キロもある50メガヘルツの移動無線機を持ち歩き、寝ているときもスイッチを切れなくなるほど夢中になりました。**いまでもアマチュア無線は隠れた趣味のひとつ**なんです。

池上　佐藤さんの凝り性はそのころからなんですね。専門誌だと、私は時々、『軍事研究』を買っています。中国の空母についての分析や武器ビジネスの最新情報などが載っていて、これが**世界の動きを知るうえで結構、役に立つ**ので。

佐藤　いいですね。私は武器や軍事に関しては、『イスラエル・ディフェンス』という雑誌を読んでいます。英語ですが、ネットでも読めます。自衛隊や米軍のことも載っていて、一般の人でもミリタリー好きには人気があるそうです。

池上　私は小学生のころ、月刊『丸』を愛読していました。まだありますよね？

佐藤　あります。軍事・戦記関係の記事が中心の雑誌で、私のようなプラモデル好きにもたまらない。

池上　私が小学生のころは、太平洋戦争時のさまざまな戦史が描かれていました。たとえば空母信濃の最後。大和型戦艦の３番艦が「信濃」でしたが、途中から空母に改造され、しかし未完成のまま、実戦に出ることなく魚雷を受けて沈没する。涙なくして読めないわけです。

『丸』

『イスラエル・ディフェンス』

『軍事研究』

佐藤　**軍事戦争のジャンルには、ビジネスパーソンにも役立つ内容が結構あります。**漫画『**のらくろ**』の戦後編が、『丸』に連載されていたのをご存じですか？

池上　それは読んでいません。『のらくろ』は野良犬だったのらくろが、犬の軍隊に入営して大活躍する物語ですね。戦前に『**少年倶楽部**』で連載されていたのでは。

佐藤　そうです。のらくろは戦争で手柄を立て、二等兵から大尉まで昇進します。戦時中に打ち切りになりましたが、その戦後編があるんです。戦争が終わって平和な時代になり、のらくろの所属していた猛犬連隊は解散するのですが、そうすると今度は仕事がなくなり、用心棒や私立探偵など、いろいろヤバめの仕事に手を染めるんです。

池上　『のらくろ』にそんな後日談があるんですか。

佐藤　一方、ブル連隊長はブル商事株式会社の社長としてブルジョアに、モール中隊長は市会議員になっているんですね。しかし、のらくろだけは職を転々としながら、いろいろな仕事で散々な目にあうんです。紆余曲折を経て、最終的には喫茶店の店主としてやっていくんですが。

池上　ずいぶんリアルですね。

佐藤　作者の田河水泡《たがわすいほう》のすごいところは、**軍隊ものの作品の中で、きちんと戦後の**

『のらくろ』

『少年倶楽部』

後始末まで描いたことです。軍隊では大出世したのらくろなのに、戦後、軍隊での経験は何のプラスにもならない。世渡りのうまいやつ、嫌なやつがいることも見事に描いている。そんな作品を連載していたところでも、私は『丸』を評価しています。戦後編はいまは復刊ドットコムで『のらくろ放浪記』『のらくろ捕物帳』『のらくろ喫茶店』が買えますよ。

▼▼▼

『失敗の本質』の教訓は「組織は抜本的な改革はできない」こと

池上 軍事研究関連でビジネスパーソンにすすめるなら、雑誌ではなく書籍になりますが、有名な『失敗の本質』はやはりおすすめです。あれを読むと、日本の組織というのは昔も今もまったく変わらない、つまり陸軍海軍が現代の官僚や役所と同じだったことがよくわかります。

佐藤 続編の『組織の不条理』もあわせて読むといいですね。結局、組織というのは、抜本的な改革はできないことがわかります。私が常々、「組織と闘うな」と言う理由のひとつでもあります。「半沢直樹」が流行りましたが、あれを現実でやっ

『のらくろ放浪記』

『のらくろ捕物帳』

『のらくろ喫茶店』

たら即破滅ですよ。ファンタジーを真に受けると、ひどい目にあいます。

池上　それと、企業でよく「集中と選択」のような議論がありますが、これもゼロ戦を見るとよくわかります。ゼロ戦は、海軍からの矛盾だらけの要望に応え、あらゆる性能を満たそうとした結果、一発弾が当たったらあっという間に火だるまになるような飛行機になってしまった。高度なパイロットの技術が必要な、ものすごく人を選ぶ戦闘機だったようです。逆にアメリカは、たいした能力がなくても、誰でも使えるような単純な戦闘機にするわけで、設計思想からして違います。それはじつは、日本の企業にも言えることではないかと。

佐藤　そのとおりです。一見マニアックな軍事雑誌の話も、じつはこうして現代社会につながってくるわけですね。

僕らの
極意
26
軍事戦争の話には、ビジネスに役立つ内容も多い。『のらくろ』『失敗の本質』『組織の不条理』はおすすめ。

『組織の不条理』

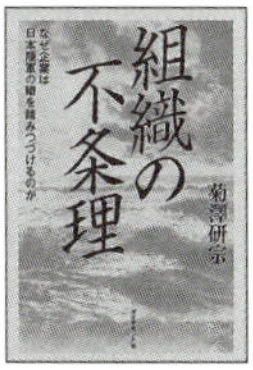

『失敗の本質』

雑誌の選び方

「読みたい記事が2～3本あれば購入する」が基本方針

佐藤　それでは、いったいビジネスパーソンはどう雑誌と付き合えばいいか、選び方と読み方に話を移しましょう。

池上　新聞は「まず1紙を定期購読して……」という話でしたが、雑誌は無理に定期購読する必要はありません。一般のビジネスパーソンなら、「興味がある記事や特集があれば購入する」という付き合い方でいいと思います。

佐藤　そのスタンスで十分だと私も思います。もちろん時間と財布に余裕がある人は、新聞のように自分に合った雑誌を1誌選んで、定期購読してもいいと思います。毎号読むことで読むスピードや効率がよくなるのは間違いないですし、自宅に届くことで「元をとらないと損だ」という意識が働きますから。最初に述べたように、そこから意外な興味や関心、視野が広がっていくことも十分あります。池上さんは、定期購読をしていない雑誌を買うときは、どんな基準で選んでいますか？

池上　新聞広告や中吊りを見て、「読みたい記事が2本あれば買う」のを原則にし

2人がよく目を通す雑誌リスト❶

池上

ほぼ毎号、目を通す週刊誌

『週刊東洋経済』
『週刊ダイヤモンド』
『週刊エコノミスト』
『日経ビジネス』
『週刊文春』
『週刊新潮』
『週刊ポスト』
『ニューズウィーク日本版』

ほぼ毎号、目を通す月刊誌

『文藝春秋』
『選択』
『FACTA』
『プレジデント』
『Wedge(ウェッジ)』
『中央公論』
『新潮45』
『創』
『フォーリン・アフェアーズ・リポート』
『CREA』

佐藤

ほぼ毎号、目を通す週刊誌

『週刊東洋経済』
『週刊ダイヤモンド』
『週刊エコノミスト』
『週刊文春』
『週刊新潮』
『週刊現代』
『週刊アサヒ芸能』
『週刊プレイボーイ』
『週刊金曜日』
『AERA』
『週刊SPA!』

ほぼ毎号、目を通す月刊誌

『文藝春秋』
『世界』
『中央公論』
『新潮45』
『SAPIO』
『月刊日本』
『BIG tomorrow』
『月刊Hanada』
『WiLL』
『創』
『福音と世界』
『社会主義』
『潮』
『第三文明』
『フォーリン・アフェアーズ・リポート』
『小説新潮』
『小説宝石』
『CREA』
『猫びより』
『ねこのきもち』
『ねこ新聞』(厳密には月刊の新聞)

※2016年11月現在

ています。ビジネスパーソンもその程度の付き合い方なら、経済的にも時間的にも負担にならないのでは。

佐藤　なるほど。私もほぼ同じですが、冒頭で話した「定額読み放題サービス」を契約して以来、「気になった記事が3本あったら買う」にハードルを上げました。もっとも見ればたいてい気になる記事があるので、毎週何かしら買っていますが。

池上　購読しても全部を読めるわけではありませんが、関心のある記事や特集を拾い読みするだけでも、得るところはたくさんありますからね。

中吊りは興味をもつ程度に留め、判断材料には使わない

池上　いま「新聞広告や中吊りを見て、2本気になる記事があったら買う」と言いましたが、実際に読んでみると、広告とは内容が違うこともあるので、そこは注意が必要です。だいたい中吊り広告がつくられるのは、とくに週刊誌の場合、記事の入稿よりも前なんですね。中吊りは仮タイトルのままで、実際の記事は違う内容に差し替えられていることもある。でも多くの人は、新聞広告や中吊りに書いてある文言を真に受けて、それだけで知った気になることもあるので、それは注意が必要

2人がよく目を通す雑誌リスト❷

池上

ほぼ毎号、目を通す隔月・季刊誌

『経済セミナー』
『考える人』
『CREA Traveller』

ほぼ毎号、目を通す海外誌

『タイム』(アメリカ)
『エコノミスト』(イギリス)

ほぼ毎号、目を通すウェブ雑誌

『フォーサイト』

時々、目を通す隔週・月刊誌

『世界』
『軍事研究』
『Pen』
『Newton(ニュートン)』
『ナショナルジオグラフィック日本版』

佐藤

ほぼ毎号、目を通す隔月・季刊誌

『みるとす』
『情況』

ほぼ毎号、目を通す海外誌

『イスラエル・ディフェンス』(イスラエル)
『ニュータイムズ』(ロシア)
『極東の諸問題』(ロシア)
『哲学の諸問題』(ロシア)

ほぼ毎号、目を通すウェブ雑誌

『フォーサイト』
『クーリエ・ジャポン』

時々、目を通す隔週・月刊誌

『CQ ham radio』
『プレジデント』
『Wedge(ウェッジ)』

dマガジンで目を通す雑誌

『趣味の文具箱』
『週刊プロレス』
『週刊朝日』
『サンデー毎日』
『ニューズウィーク日本版』
『FRIDAY』
『FLASH』
『女性セブン』
『女性自身』
『週刊女性』
『クロワッサン』
『DIME』

※2016年11月現在

ですね。

佐藤 週刊誌の影響力は、実売部数よりも新聞広告と中吊りによるところのほうが大きいかもしれません。公称数十万部の雑誌でも、新聞広告と中吊りを含めればゆうに数千万部の媒体になりますから。目に飛び込んでくる広告から、無意識のうちに読者に刷り込まれる情報の影響は決して小さくはないでしょう。実際に私も、中吊りでは痛い目にあっていますからね。『週刊文春』の中吊りで、「鈴木宗男の運転手をする外務省幹部の正体」と書かれたんです。

池上 ああ、ありましたね……。それで大変な思いをされた。

佐藤 記事の内容はめちゃくちゃで、鈴木さんの事務所の場所も何もかも間違っている。そもそも私は日本の自動車運転免許をもっていません。要するにたんなるデマなので放っておいたのですが、それが失敗で、中吊りの文言がひとり歩きして大問題に発展したわけです。いまなら、即座に弁護士を立てて対応しますよ。

池上 「中吊り広告の文言を鵜呑みにしない」「きちんと中身を見たうえで判断する」ということは、読者も肝に銘じてほしいですね。

佐藤 中吊りはあくまで「客をつかまえる」ための広告ですからね。中身と違う可能性があり、きちんと読んで判断する必要がある。ただし、中吊りで世の中のイメ

▼
広告や中吊りで わかった気になるのは厳禁

ージがつくられる面があるのも事実で、だから新聞広告や中吊りにもある程度は目を通したほうがいい。その両面をきちんと認識しておく必要がありますね。

僕らの
極意
27
雑誌は気になる記事が2～3本あれば買う。中吊りで判断しないが、影響力の大きさも知っておく。

雑誌の読み方

雑誌も読む時間の「器」を決めて、「拾い読み」が基本――ちょっとした空き時間に雑誌、まとまった時間には書籍を

佐藤　池上さんは、雑誌をどのように読んでいますか。新聞を1面からめくっていくように、やはり最初からひととおりめくっていくのでしょうか。

池上　そうですね。新聞と同様、雑誌も「拾い読み」が基本です。ざっとページをめくっていって、タイトルやリードで読みたい記事をピックアップします。雑誌も隅から隅まで読んでいたら、時間がいくらあっても足りませんから。

佐藤　まずは雑誌を読む時間の「器」を決めて、その中で時間と財布が許す範囲で買って読むのがいいと私も思います。雑誌の記事は、一つひとつは短くても、読むのに思った以上に時間がかかりますよね。それは短い原稿に内容が凝縮しているからです。書籍もそうですが、短すぎると理解するのに時間がかかる、もっと長く書いてくれたらよかったのに、というケースは多々あります。

池上　だから、ある程度、読む記事を絞り込むことが大切ですね。私の場合、読む読まないの選択基準は、自分のいまの興味に限定せず、勉強になりそうな記事や、今後広がっていきそうなテーマの記事にも目を通すようにしています。そうしていかないと、どんどん視野が狭くなってしまうので。

佐藤　やはり、世の中の多くの人が関心をもつ問題については、関心をもっていたほうがいいですからね。クラシック音楽に興味がなくても、佐村河内《さむらごうち》問題が出てきたら、交響曲第1番《HIROSHIMA》の話題についてはある程度、知っておいたほうがいい。

池上　それが意外と面白く、新しい興味に広がることもよくあることですよね。

雑誌も「拾い読み」が基本で読む記事を絞り込むことが大切

佐藤　そうなんです。雑誌を読むペースは、新聞のように毎日の日課にしなくてもいいと思います。移動時間や隙間時間に読むスタイルで十分。私自身、ほとんど雑誌に目を通さない日もあれば、空き時間にまとめ読みすることもあります。

池上　**雑誌は、書籍のページを開くほどの余裕がない、ほんのちょっとした空き時間に気分転換に読むという方法がいい**ですね。**少しでもまとまった時間があれば、書籍を読む**。雑誌はやっぱり基本的には「娯楽」ですから。

佐藤　娯楽として読みながら、世の中で話題になっていることをつかんだり、興味や関心、視野を広げるツールとして役立てることもできるということですね。

僕らの極意 28

新聞と同じで、雑誌も「拾い読み」が基本。隙間時間には雑誌、まとまった時間には書籍を。

「理解できる記事だけをピックアップして読むこと」が大切

佐藤 娯楽から一歩進んで、雑誌から何か有益な情報や知識を得ようと思ったときには、ひとつコツがあります。それは「理解できる記事だけをピックアップして読むこと」。あるいは「自分が信頼できる書き手の記事を中心に読むこと」です。というのも、雑誌の中には、読んでもよくわからない記事が少なからず混ざっていますよね。

池上 雑誌は書籍と違い、複数の著者が書いた文章が集まっていますからね。

佐藤 「理解できない文章」には2パターンあります。ひとつは議論や知識が積み重ね方式になっている文章。経済誌やビジネス誌、専門誌に多いのですが、「ある程度、業界用語やニュースの背景がわかっている」ことが前提で書かれた記事は、初心者には理解できない場合があります。難解な論文などがいい例です。でもそれは、読み手が書籍などで基礎知識を身につければ、わかるようになります。

池上 それが知識を身につけていくうえで王道の取り組み方ですね。

佐藤 問題はもうひとつのパターンで、論理が飛躍したり破綻しているデタラメな

「理解できない文章」には2パターンある

文章、あるいは論理的な言語ではなく詩的な文学的な言語で書かれている、理解するのに特殊な感性や才能が必要とされる文章の場合です。そういう文章は、好きな人が完全に趣味として読むものであって、一般的な読書術は提示できません。限られた時間の中で効率的に雑誌を読むなら、「これはよくわからない」という記事は入り口ではじくことです。

池上　部数の多い週刊誌や月刊誌には多くありませんが、文芸誌や少部数の月刊誌、専門誌には少なからず「理解できない文章」が混じっています。時間を効率よく使うためには、「自分が信頼できる書き手のものを読む」「理解できる記事だけ読む」というスタンスが取捨選択の指針ということですね。

僕らの極意 29

雑誌には「理解できない文章」が必ずある。信頼できる書き手の、理解できるものを読むのが大切。

【コラム❷】海外雑誌の読み方

海外雑誌は「見るだけ」でも勉強になる

佐藤　ビジネスパーソンにとって有用な海外雑誌は、本編では主に日本語版を紹介しました。ここでは原文のオリジナル版についても話してみたいと思います。池上さんは原文のままよく目を通す海外雑誌はありますか？

池上　海外の雑誌だと、アメリカの『タイム』とイギリスの『エコノミスト』は購読しています。といってもスラスラ読み解くだけの英語力はないので「見る」に近いですが、それでも各誌の特集内容や、見出しを含めた表紙のビジュアルをチェックするだけでも、ざっくりと風潮を読み取れます。

佐藤　日本の総合誌には国際ニュースの割合が少ないので、海外誌がどんなニュースを扱っているのかを知るだけでも意義はあります。

池上　たまに「なるほど、この角度から見ると世界がこんなふうに見えるのか」と驚くような記事もあります。ページをめくるだけで世界の流れが見えるので、英語に自信がない人も時々、海外雑誌をチェックしてみるといいのでは。

『タイム』

佐藤　よく日本のメディアは「日本語の障壁に守られてガラパゴス化している」と言われますが、その最たるものが雑誌ですね。部数が少ないこととも関係していますが、**「日本人の日本人による日本人のための情報」が大半を占めているのが日本の雑誌**という言い方もできます。

池上　**英語がまったくダメという人は、日本語版で読んでほしい**ですね。たとえば、『ニューズウィーク日本版』は本家の『ニューズウィーク』とはほとんど別の雑誌ですが、それでも世界のニュースを気軽に読めるという点では貴重です。

佐藤　**「日本語で読める海外発の情報は最大限活用する」のが鉄則**ですからね。とにかく国際情報を得たいのであれば、本編で述べた『フォーリン・アフェアーズ・リポート』はおすすめです。

本当にコアな情報は原文でなければ入手できない

佐藤　マニアックな海外雑誌では、本編でも述べた『イスラエル・ディフェンス』は定期的に目を通しています。あと、**ロシア語が使える利点を活かして、ロシアの雑誌はいろいろと読んでいます。**

池上　わざわざ取り寄せているんですか？

佐藤　ロシアの雑誌はあまりデジタル化されていませんし、紙媒体で読むのには慣れているので。たとえば、政治系の週刊誌『ニュータイムズ（ノーボエ・ブレーミャ）』は定期購読しています。ソ連が『ニューズウィーク』や『タイム』に対抗してプロパガンダでつくった政治系の雑誌です。かつては『ニュータイムズ』の特派員には著名なスパイがゴロゴロいたものです。

池上　なるほど。日本のビジネスパーソンが読んで馴染む記事は少なそうですが、**ロシアの内政と外交政策を理解するには役立ちそう**ですね。

佐藤　ほかの専門誌だと、ロシアのシンクタンクのロシア科学アカデミー極東研究所が発行している機関誌**『極東の諸問題』**は年6回、読んでいます。もともとは敵国としての中国を研究したものでしたが、いまは日本、韓国、北朝鮮、モンゴル、台湾まで対象を広げています。ここには時々、私の悪口が出ているんですよ。

池上　そういうことでしたか。それはロシア語ですよね？

佐藤　はい。昔はナウカ・ジャパンから日本語版が出ていましたが、いまはなくなってしまいました。あと、**『哲学の諸問題』**も読んでいます。プーチン大統領のイデオロギーを理解するために有益な論文がよく掲載されています。

ごく一部のエリートが読むのが雑誌

池上　佐藤さんはロシアの現地の新聞だけでなく、雑誌もチェックしているんですね。ロシアでは新聞と雑誌では、扱われている情報はどう違いますか？

佐藤　**ロシアの場合、新聞はいまやエリートが読むもの**です。ソ連時代には1800万部刷られていた**『イズベスチヤ』**が、いまロシアでは約15万部。CIS（独立国家共同体）諸国を入れても22万部しか刷っていません。その新聞をつくっている人たちが読んでいるのが、雑誌なんです。**『極東**

の諸問題』なんて、さらに絞り込みがかかって300部程度、『**哲学の諸問題**』も500部程度のはずです。

池上　そんなに少ないんですか。**部数は少なくても、エリートが読む新聞をつくっている人たち、政策の意思決定に関係する人たちが読んでいるのが雑誌**ということですね。

佐藤　おっしゃるとおりです。たとえば北方領土問題に関するシグナルなどは、公のニュースになる1年ぐらい前にわかります。ロシアで最も高いレベルの知恵であり、本当の専門家向けの情報です。

池上　日本の雑誌とはまるで意味合いが違いますね。

佐藤　事実上の内部文献みたいなものです。つまり、クレムリンで上げているレポートの秘密の部分をその雑誌に落としておく。ほかの言語に翻訳することもなく、ネットにもアップしないので、拡散しない。むしろ、**なるべく読ませないようにしている**んです。私はモスクワから送ってもらうようにしています。

池上　一般的なビジネスパーソンがそこまでする必要はないでしょうが、佐藤さんの情報力は、そこまで抜かりなく見ているからこそなんですね。

第3章

僕らのネットの使い方

上級者のメディアをどう使いこなすか

ネットの3大原則

ネットは「上級者」のメディア
——玉石混淆のネット情報から「玉」だけ選び出すのは難しい

佐藤　この章ではネットの使い方について論じていきますが、まずは前提として知っておいてほしい大原則が3つあります。ひとつめは、よく言われることですが、**ネットの情報は玉石混淆で、そこから「玉」だけを選ぶのは、かなりの知識とスキルが必要**ということです。

池上　ネット情報は「速報性」に優れているし、誰でも情報発信できるのは素晴らしい点ですが、それだけに情報の真偽を見極めにくい。個人のサイトやSNSの投稿の中には、専門家が書いた優れたものもある一方で、デマや思いつき、偏見も数多く見受けられますね。

佐藤　誰もが情報発信できるということは、裏を返すと、**新聞や雑誌がもつ「編集」と「校閲」という重要な2つの機能が欠如している**ということです。メディアには「編集権」があり、内容をチェックして明らかにおかしい原稿は掲載しないという

「フィルター」機能もあるわけですが、他者の目を通さない個人サイトでは、自己中心的な意見や強い偏見を含んだ論説もそのまま載ってしまいます。

池上 それに「校閲機能」もないので、誤字脱字どころか、明らかに事実関係を間違えている記事もしばしば目にします。誰かが書いたことに対して「裏をとる」こともなく、そのままツイッターやフェイスブックなどで安易に拡散してしまう人も少なくありません。

佐藤 ひとことで言うと、**ネット空間は「ノイズ過多」**なんですね。いい加減な情報は「ノイズ」にしかすぎず、**ノイズ情報をいかに除去するかが、ネットから「玉」の情報を得るポイント**です。序章でも述べましたが、新聞、雑誌、ネットを問わず、「何を読むか」だけでなく「何を読まないか」も非常に重要な技法ですから。

池上 **ネットはうまく使えば便利で有益なツールになる反面、時間を浪費したりノイズ情報に惑わされる危険性もある「諸刃の剣」**ということですね。いろいろな情報が無料でとれるのは事実で、そこには大きなメリットもあるわけですが、うまく使いこなすのは思った以上に難しい。

佐藤 本当にそう思います。多くの人が誤解していますが、**じつはネットは「上級者」のメディア**なんですね。上手に活用すれば、マスメディアが報じない情報を広

▼
ネットは「上級者」のメディアでいい情報だけ選び出すのは難しい

く深くとることもできますが、活用するスキルをもたないと、時間ばかりを浪費してしまう極めて効率の悪いツールにしかならないわけです。

僕らの極意 30

【ネットの大原則❶】ネットは「上級者」のメディア。情報の選別には、かなりの知識とスキルが必要。

▼▼▼

ネットは「非常に効率が悪い」メディア
——二次情報、三次情報が多い

池上 いま話に出た「効率の悪さ」こそ、知っておくべきネットの2つめの大原則ですね。

佐藤 ついついほかのサイトを見てしまう「ネットサーフィンの誘惑」も含めて、かかる時間に対して得られる情報が少ないのがネットの特徴ですからね。

池上 同じ時間をかけてニュースを読むにしても、新聞社の無料サイトを見るのと、新聞紙面で読むのとでは、とれる情報量がまったく違います。新聞社のサイトもカテゴリーごとに分かれていますが、時系列順に新しい記事が並ぶため、記事の重要度がわかりにくいし、クリックしてみないと記事の概要がわかりません。

佐藤　先ほど「編集権」というフィルターの話をしましたが、新聞は「どの記事を大きく載せるか」を編集デスクや整理部のベテラン担当者が毎日会議を開いて決めています。一般のビジネスパーソンが自分で一つひとつ判断するより、まずは「プロのフィルター」に乗っかったほうが効率がいいのは間違いありません。

池上　無料のニュースサイトのように記事が並列的に並んでいるということは、「自分で記事の重要度を判断しなければならない」ということですからね。それによって「見る目」が磨かれるという面もありますが、忙しいビジネスパーソンにとって、その時間と労力をかけるだけのメリットがあるかというと疑問です。

佐藤　ネットを「効率の悪いメディア」にしているもうひとつの要因は、そもそもネットで入手できる情報の多くが二次情報、三次情報だからです。根っこになる一次情報は、新聞をはじめマスメディアの情報がほとんどでしょう。主にマスメディアが発信した情報を転載している「ヤフーニュース」などのニュースサイトやポータルサイトはもちろん、個人サイトやSNSの投稿も、根っこはマスメディアの報

▼

ネットで入手できる情報は じつは二次情報、三次情報が多い

道というケースは少なくありません。

池上　ネット系メディアには独自に記事を作成して発信しているところもありますが、それもすべての記事がオリジナルではありませんし、既存メディアで見たものを再取材していることも多いようですね。

佐藤　それだったら、新聞や雑誌できちんと精度の高い情報をチェックしたほうが、効率は何倍もいい。お金はかかりますが、「時間は希少材」ということを考えると、ビジネスパーソンにはメリットのほうが大きいですよ。

池上　やはり、ネットは付き合い方になかなか高度な技術のいるメディアであることは間違いありません。

僕らの
極意
31

【ネットの大原則❷】「非常に効率が悪い」メディア。同じ時間なら、新聞や雑誌を読むほうが効率的。

ネットには「プリズム効果」がある
――自分の偏見が増長される仕組み（ネット空間の論説＝世論ではない）

佐藤　３つめの大原則は、ネットには特定のものだけが大きく見えたり、別のものが見えなくなったりする「プリズム効果」があるということです。ネットを頻繁にチェックしているヘビーユーザーほど、その影響を受けやすい。

池上　ネット空間では、自分からアクセスしなければ、見たくない情報には触れずに済みますからね。逆に、自分が知りたいことや自分の考えを補強する情報が欲しければ、いくらでも見つけ出すことができます。

佐藤　ツイッターやフェイスブックなどのＳＮＳは、とくにその傾向が顕著ですね。自分が選んだ人の言説しかフォローしないわけですから。その人が自分の気にそまない意見を言い出したら、フォローをやめればいい。そうなると、自分と違う意見や考え方は、ネット上には存在していても、なかなか目に入ってきません。

池上　するとどうなるかというと、関心のあることについてはどんどん詳しくなる一方で、それ以外はまるで知らないまま、どんどん視野が狭くなります。紙の新聞

自分と違う意見・考え方は
ネット上に存在しても、目に入りにくい

や雑誌なら、つい隣の記事まで読んでしまうこともあるし、書店に行けばお目当ての本以外にも多くの本と出合うこともあるわけですが。

佐藤　ここのところは本当に誤解している人が多いですね。ネット上には非常に多くの情報があふれているので、「視野が広くなる」と勘違いしている人がいますが、「知りたいことだけ知ることができる」というのがネットの長所であり短所でもあるわけです。よほど気をつけて使わないと、視野を狭め、偏見を増長させてしまいます。

池上　ネットをよく使う人の中には、「ネットの論調＝社会全体の論調」と思い込んでしまう人も少なくありません。するとどうなるかというと、「メディアの報道には偏りがある」「真実を報道していない」と安易にマスコミ批判や陰謀論に走ってしまう傾向がありますね。メディアが報道しないのはほとんどの場合、「裏がとれない」「確認がとれない」からなのですが……。

佐藤　マスコミの仕事は「隠蔽」することではなく、「暴露」することですからね。ニュース性がなかったり裏をとれないから報道しないだけで、それをすぐに「隠蔽している」「陰謀だ」と決めつけるのは早計です。もちろん、必ずしも「ネット＝間違い／マスコミ＝正しい」わけではありませんが、だからといって「ネット＝正

「知りたいことだけ知れる」のが ネットの長所でも短所でもある

しい／マスコミ＝間違い」でもない。でもネットのヘビーユーザーほど、そういう錯覚や偏見に陥りやすいんですね。

池上　ネットで支持が多い言説だからといって、国民的な支持があるとは限りませんからね。同じ人が「××反対だ」「××は素晴らしい」と1日3回書けば、その意見が強いように見えますが、社会全体で見ればそうとも限りません。ネットのヘビーユーザーほど、**「ネットの論調が主流とは限らない。ネットで不特定多数に向けて情報発信している人は全体で見ればまだ少数派だ」**くらいに考えておいたほうが、バランスがいいかもしれないですね。

僕らの
極意
32

【ネットの大原則❸】「プリズム効果」に注意する。ネットでは自分の考えに近いものが「大きく」見える。

ニュースサイト

ニュースサイトはどこがおすすめか？

佐藤　以上が、ネットを使うときに覚えておくべき3大原則です。ビジネスパーソンには大事な時間を効率よく使ってほしいので、つい力が入ってしまいました。ただ、ネットの批判ばかりしても意味がないので、どうすれば上手に使いこなせるか、「ネットを使う技法」の話をしていきましょう。

池上　問題も多いですが、使い方によってはいい情報源になるのは事実です。私ももちろんネットは使うし、便利だと思うことも多い。本当に使い方次第ですね。

佐藤　ビジネスパーソンがよく見るのは、まずはニュースサイトだと思います。池上さんはどんなサイトをご覧になっていますか？

池上　いちばんよく見るのは、ＮＨＫのニュースサイト「ＮＨＫオンライン」です。テレビ放送のあとすぐ更新されるので、情報が早い。放送だとどんなニュースがあるのか最後まで見ていないとわかりませんが、ネットニュースはヘッドラインが俯瞰できて便利です。これは新聞から得る情報とはまた別です。即時性を重視するな

▼
「NHKオンライン」は
ニュースをまとめてチェックできて便利

ら、やはりテレビ・ネットは強いので。

佐藤　私も「ＮＨＫオンライン」は見ています。**ニュースをまとめてチェックするのにいい**ですよね。テレビのニュースを見なくても済みますし。ビジネスパーソン向けのニュースサイトでは、**「東洋経済オンライン」**も月間約2億ページビューと急成長を遂げているようですね。

池上　「東洋経済オンライン」は、過去には中国の胡錦濤《こきんとう》国家主席の完全引退を新聞に先駆けてスクープしたこともあります。読む価値のある分析が豊富に載っていますね。

佐藤　「東洋経済オンライン」は、ニュースの解説や企画で優れているだけでなく、人に関する有益な情報を得ることもできます。たとえば、東大法学部を首席で卒業した元財務官僚で弁護士の山口真由さんをはじめて知ったのも「東洋経済オンライン」の記事でした。それ以外に見ているニュースサイトはありますか？

池上　日本最大のニュースサイト**「ヤフーニュース」**と、アメリカのリベラル系ネット新聞**「ハフィントンポスト」**は、空き時間にざっとチェックしています。

佐藤　この2つのサイトはマスメディアと提携して記事を配信している分、信頼度は高いので、先ほど警鐘を鳴らしたいわゆる「ネットの情報」とは違いますね。

「東洋経済オンライン」

「ヤフーニュース」を見ている人への注意点

佐藤　ただしポータルサイトは、芸能やスポーツニュースなど、アクセス数を稼ぎやすい記事が上位に来る傾向がありますね。多くの人が見ているヤフーのトップ画面の「ヤフーニュース」も「娯楽」で見る分にはいいのでしょうが、ビジネスパーソンのニュースソースとしては使い勝手がいいとは言えないという気がします。

池上　そうなんです。たとえば、パソコン画面で「ヤフートピックス」と呼ばれているところを見ると、主要ニュースが8項目、縦並びで紹介されています。以前は上6つが政治、経済、社会などの「硬いニュース」、下2つがスポーツと芸能の「やわらかいニュース」という法則がありましたが、いまはスポーツと芸能が3項目に増え、「6対2」ではなく「5対3」が基本形のようになっています。

佐藤　最近は、スポーツと芸能ニュースが全体の半分を占める時間帯もありますね。

池上　娯楽系のニュースが増えているのを見ると、「ヤフーもアクセス数を稼げという圧力が強くなっているのかな」と思います。そのうち「4対4」になり、「硬いニュース」がどんどん消えていくのではないかと心配しているのですが。

「ヤフートピックス」

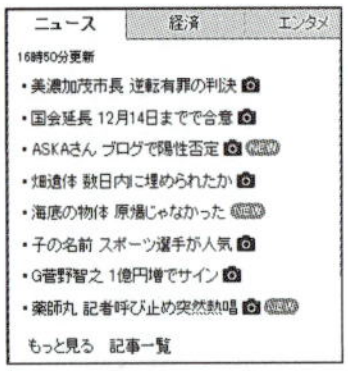

「ヤフーニュース」

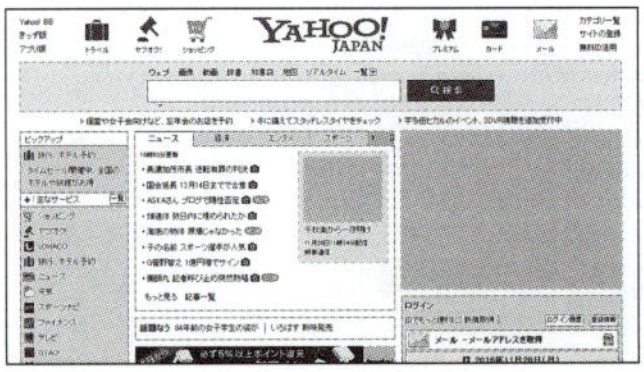

佐藤　十分ありうるでしょうね。実際、「ヤフーニュース」のアクセスランキングを見ると、事件や芸能、スポーツ関連の記事がいつも上位を占めています。

池上　時々、「私もニュースは『ヤフー』で見ています」という人に会うのですが、話をよく聞いてみると、**見ているのは「ヤフートピックス」の下のほうに掲載されている芸能・スポーツやゴシップ的なものが多い**。それだけで「ニュースを見た」と言ってしまうのは危険だな、と思ってしまいます。

佐藤　ニュースの中でも「飲み屋で話題になりそうなニュース」ということですね。**私自身は、「世間でどんな芸能・スポーツニュースが関心をもたれているか」を知るために「ヤフーニュース」を使っています**。私がよく見るのは**「@ニフティ」**です。メールでニフティを使っていて慣れているからですが、老舗のヤフーよりもこぢんまりとしていて、取り上げるニュースの傾向も違っています。

僕らの極意 33

「NHKオンライン」は情報が早い。「ヤフーニュース」は、世間が関心のあるニュースを知るには便利だが、基本は娯楽。

ネット記事はアクセス数を稼ぐため、「タイトル」「見出し」は大げさになりがち

佐藤　それからこれはニュースサイトというよりネットメディア全体の問題ですが、ネットメディアはどこも「アクセス数を稼ぐこと」に必死です。主な収入源が広告で、広告料はアクセス数によって左右されるからです。だからどのサイトも記事の「タイトル」や「見出し」が、必要以上に過激になりやすい傾向があります。

池上　週刊誌で指摘したのと同じことが、ネットにも言えるわけですね。とくにニュースサイトは、限られた文字数の見出しでクリックさせようとするため、記事のタイトルを大げさにしたり、デフォルメしたりすることがよくあります。

佐藤　クリックして記事を読んでみたら、「タイトルと中身の印象がかなり違った」という経験は、読者にも少なからずあるはずです。週刊誌もそうですが、タイトルや見出しだけを見て、ニュースがわかった気になるのは非常に危険です。

池上　そもそも新聞や雑誌は「読む」といいますが、ネットは「見る」といいますよね。このことがネットの使われ方を端的に表している気がするんです。「ネット

ネット記事は必要以上にタイトル、見出しが過激になりがち

でニュースを見ている」という人の中には、記事のタイトル、クリックした記事の見出しだけを見て、知ったつもりになっている人もいるような……。

佐藤　「見ているけど、読んでいない」人は多そうですね。クリックしても画面をスクロールするだけで、ナナメ読みすらしていないかもしれない。そういう人は「どういうニュースだった？」と聞かれても端的に説明できないでしょうね。

池上　サイトを運営している企業では「一画面を何秒間見ていたか」がわかるそうですが、ひとつの画面にとどまる時間はわずか十数秒ということも多いとか。見出しだけを見て、どんどん次のページに飛んでいくんでしょう。

佐藤　まさに池上さんがおっしゃった、ネットを「読む」ではなく「見ている」人が多いことの表れですね。

僕らの
極意
34

ネットは「読む」より「見る」で終わりがち。タイトルで判断せず、中身まで読むクセをつける。

「勝手に分析されて情報が偏っていく」という
ネット独自の危険性

佐藤 もうひとつ最近のポータルサイトで気になるのは、過去の閲覧履歴や検索履歴に合わせて、表示される内容が変わることです。スマホ版サイトは、とくにその傾向が強いですね。私の場合、「あなたへのおすすめ」の上位3位以内に動物関係の記事が毎日のように入るんです。ロシアや中東関係の記事が多いのはわかりますが、自分が日ごろからいかに動物についての記事を読み、検索をしているのか、やっと自覚しました。

池上 それは佐藤さんらしい話ですね。記事もそうですが、広告はとくにそれが顕著ですよね。私はじつは自動車が好きで、外国車の新車が発売されるとチェックするので、やたらと自動車の広告が出てきます。

佐藤 この「勝手に分析されて自分に入ってくる情報が偏っていく」というネット独自の傾向は非常に危険ですね。いわゆるネトウヨの人たちは、きっと毎日パソコンやスマホで「日本が危ない、日本人はだまされている」という情報ばかり見ているんだと思います。そうすると、ますますそういう記事ばかりが上位に表示されるようになって、ほかの視点が入る隙がなくなってしまう。SNSでも自分が選んだ人や同じ意見の人、身近な人の発言ばかり見るので、どんどんバイアスが広がっていきます。

池上　それに関しては私も危機感を覚えています。ネット上に「まとめサイト」がたくさんありますが、その多くは広告やアフィリエイトを使ったビジネス手法です。いまは韓国や中国の悪口を載せているとページビューが伸び、ページビューが伸びると広告収入が増える。ジャーナリズムや主義主張というよりも、ビジネスでやっているんでしょうね。

佐藤　もちろん「関連する情報が集まりやすい」ことにはメリットもありますが、その一方で、視野が狭まり、情報が貧困になっていく危険性が高いのも否めない事実です。その両面に注意を払うことが大切ですね。

▼
表示されるネット情報は、勝手に分析され偏っている可能性あり

検索

グーグル検索が不便な理由、ウィキペディアが信用できない理由

佐藤　ネットでは定期的にサイトをチェックすると同時に、調べ物など検索をすることも多いと思います。代表的なのはグーグルですが……。

池上　最近のグーグルは使い勝手がよくないですね。以前はページを進めていくと古い情報もヒットしましたが、いまはごく最近の情報しか出てこないでしょう。自分のページが検索の上位に来るようにと、日々多くのサイトマスターがアルゴリズムを研究して、工夫しています。グーグルはそれに対抗するために、またどんどんアルゴリズムを変えていく。それを何度も繰り返していくうちに、だんだん検索の効率が悪くなってしまいました。

佐藤　「グーグル検索は意外と効率が悪い」ことは、もっと多くの人に知ってほしいですね。同じように、最近は何でもウィキペディアの説明を見てわかった気になる人がいますが、ウィキペディアでは長らく私の出生地が間違っていましたからね。

▼最近のグーグル検索はとくに使い勝手がよくない

東京都生まれが埼玉県生まれとなっていて、何度か自分で修正してもいつも埼玉県に戻されました。自分に関する記述が不正確なものは、やはり信用できません。

池上　私もずっと、長野県立松本深志《ふかし》高校卒となっていたんです。それで松本深志高校の生徒から「先輩、ぜひ講演をお願いします」と依頼され、困ったことがあります。以来、「都立大泉《おおいずみ》高校卒だ」と公言していたら、今度はウィキペディアの記述が「松本深志高校から大泉高校に転校」に変わった。それを見た大泉高校の同級生に「池上、おまえ最初からいたよな？」と言われて、もう何がなんだか。

佐藤　ウィキペディアも概要を押さえるには便利ですが、テーマによって内容の信憑性に非常にバラツキがあります。大切なことは、ほかの資料で裏をとること。外国語ができる人は、英語やドイツ語、ロシア語など、ほかの言語のウィキペディアでどういう記述になっているか比べてみるのもいいでしょうね。

僕らの極意 35

グーグル検索はじつは効率が悪いことを知る。ウィキペディアは、内容の信憑性にバラツキあり。

調べ物はネット検索より、辞書・事典サイトが便利
――「冥王星」の項目で、情報の新しさを判断する

佐藤　私の場合、自分の専門分野に関しては、グーグルでも何でも使い、ウィキペディアにも一応は目を通します。とにかくあらゆる情報を収集したいので。でも、**自分の専門以外の分野では、何か確認したい事柄が出てきたら、まずは「ジャパンナレッジ」の情報に頼る**ことにしています。「ジャパンナレッジ」は会員制のインターネット辞書・事典検索サイトで、小学館の**『日本大百科全書（ニッポニカ）改訂版』**や平凡社の**『改訂新版 世界大百科事典』**をはじめとする事典や辞書類がネット上で検索でき、非常に使いやすいんです。

池上　なるほど、むやみやたらにネット検索するのではなく、**ネット上の有料の百科事典を使う**わけですね。

佐藤　はい。どちらも出版社が編纂したもので、ウィキペディアのようないい加減な記述はありません。いまでも原稿を書くときは、これらのツールで事実関係を自分で校閲しながら書いています。情報もかなりきちんと更新されていて、安心して

「ジャパンナレッジ」

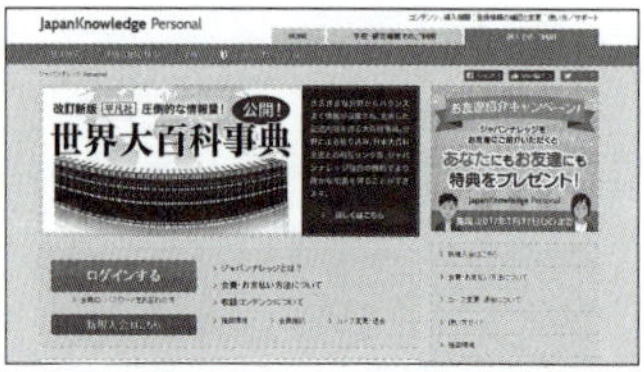

使えますよ。

池上　辞書や事典が最新の情報に更新されているかどうかは、どうやって確認するんですか？

佐藤　百科事典だと、たとえば２００６年に惑星から準惑星に格下げされた「冥王星」がチェックポイントです。**「冥王星」の項目を見て、「準惑星」あるいは「以前は惑星とされていた」と書かれていれば、その百科事典はきちんと情報が更新されていると考えていい**でしょう。

池上　なるほど。いまだに「太陽系の惑星」と説明されていたら占いと判断するわけですね。

佐藤　そうです。辞書でも、冥王星はひとつの目安になると思いますよ。

池上　たしかに、ネット検索でノイズを排除しながら欲しい情報にたどり着くよりも、これらのツールで調べたほうが速くて安全ですね。

佐藤　だんぜん速くて正確です。それに**ネット検索にはたえず「ネットサーフィンの誘惑」が付きまといます**からね。そのリスクを避けるだけで、どれだけ効率がよくなることか。もしそれで間違いを指摘されたら、それは素直に謝って訂正すればいいんです。自分の専門分野ではないのだから。しかしそれでも、「平凡社の『世

▼

百科事典や辞書の情報の新しさは「冥王星」の項目でチェックする

界大百科事典』や小学館の『日本大百科全書』にはこう書いてありますとは相手に言えますからね。

僕らの極意 36

調べ物はネット検索よりも、辞書・事典サイトが効率的。「冥王星」の項目で、情報の新しさを判断する。

▼▼▼

佐藤氏が愛用する電子辞書は2つ

池上　佐藤さんは電子辞書も使っていますよね。どこのメーカーのものを使っていますか？

佐藤　2台もっていて、1台はセイコーインスツルの**「デイファイラー10000シリーズ」**。これには、いまお話しした平凡社の**『改訂新版　世界大百科事典』**も全巻入っています。アイパッドを立ち上げて**「ジャパンナレッジ」**で検索すると、どうしても「ネットサーフィンの誘惑」があるので、電子辞書で済ませられるものは、まずそれで調べるようにしています。1000シリーズは発売終了になってしまったので、読者も見つけたら、いまのうちに買っておくことをおすすめします。

池上 百科事典を引く習慣は、ウィキペディアの不確かな情報を避けるだけでなく、きちんとした知識を身につけるためにも効果的ですね。もう1台は？

佐藤 カシオの電子辞書「エクスワードXD-K7700」です。これは日本で唯一、文字盤にロシア語がついているんです。ほら、ここを見てください。

池上 本当だ。キリル文字とアルファベットが切り替えできるようになっていますね。

佐藤 だから、ロシア語を使う人は結構もっていますよ。私もロシア語が必要なときには持ち歩いています。池上さんは電子辞書はお使いになりますか？

池上 ぜんぜん使っていないですね……。平凡社の古い百科事典はもっていますが、最近は何か調べるときはネット辞書で済ませてしまうことが多いです。でもタブレットを入手しましたから、これから勉強しようと思います。

ネットサーフィンを避けるためにも電子辞書はおすすめ

SNS

ネットサーフィンの罠、SNSの罠

佐藤　先ほどから話しているとおり、ネットにはたえず「ネットサーフィンの誘惑」があり、インプットの効率を下げる非常にやっかいな要因になっています。ついつい余計なサイトを見て、時間を浪費してしまっている人は少なくないのではないでしょうか。

池上　相当数の人が誘惑に負けた経験があるんじゃないですかね。かくいう私もそうです。だから私は、ネットのニュースで気になることがあっても、それ以上は深入りしないように自制しています。

佐藤　ネットサーフィンのよくない点は、時間の浪費に加えて、そこで見た情報がほとんど記憶に残らないことですね。

池上　それは本当にそう思います。サーフィンというだけあって、どんどん興味が移っていってしまい、深掘りに至らない。

佐藤　もうひとつ問題だと思うのは、最近多くの人がやっているフェイスブックやツイッターなどのＳＮＳです。ネットサーフィンと同様、SNSも確実にインプットの時間を蝕む存在です。

池上　私がいくらすすめられてもツイッターをやらないのは、それが理由です。本を読む時間が減るのが怖くて。将来的にはやる可能性がゼロとは言えませんが、少なくとも現時点では、そんな時間があるなら少しでもたくさん本を読んで、自分の中で咀嚼する時間にあてたいですね。

佐藤　ネット空間では、コミュニケーションのあり方も特殊ですからね。ＳＮＳもメールも「即座に返信するほどいい」という風潮がありますが、それもどうかと思いますよ。すぐに返事が必要な緊急の用件なんて、全体の中のごく一部にしかすぎません。雑談でも悪口でも、すぐに返そうとするから、みんな気性が荒くなっている。私は、これからエリート層のあいだでは「ネット断ち」が流行ると確信しています。

池上　「デジタル・デトックス」ですね。たしかに、いまの時代にインプットの時間を確保するには、あえて「ネット断ち」や「スマホ断ち」をする必要があるかもしれません。いまはパソコンでもスマホでもネットに常時接続している人がほとんどで、メールやメッセージが届いたらすぐに通知が来る。通知を見れば、すぐに返

ネットサーフィンとSNSは確実にインプットの時間を蝕む

信じたくなる気持ちもわかります。でも、最初から見なければ気にならないし、返事を焦ることもなくなりますから。

僕らの
極意
37
ネットサーフィンとSNSは、インプットの時間を蝕む。時間を確保するには「ネット断ち」「スマホ断ち」も大事。

SNSの上手な使い方は「インプット」ではなく「アウトプット」にある

佐藤　そうはいっても、SNSも使い方次第では有益なコミュニケーションツールになるのも事実です。たとえば堀江貴文さんは、いちいちコンピュータを開くのが面倒なので、連絡手段にはSNSしか使わないそうです。メールアドレスを入れて、件名を考え、宛先やあいさつを書いて……という一連の流れもショートカットできる。割り切って考えれば、それもひとつのメリットかもしれません。

池上　なるほど、そういう使い方もあるのですね。**もともとメールのマナーも、手紙のしきたりを簡略化した形で独自に発展している**と認識していましたが、いまでは画像スタンプだけのやりとりも増えているようですね。

佐藤　**フェイスブックやツイッター、LINEなどのメッセージは、「手紙より電話に近い」**と思います。SNSでやりとりされている言葉は「書き言葉」のように見えても、実際は「話し言葉」に近いでしょう。これはSNSのせいだけではありませんが、ネットでのコミュニケーションが普及したことで、書き言葉がとても弱くなっている。知性は書き言葉によって担保されますから、この変化は今後、「知の形態」すら変容させる大きな問題になってくると思います。

池上　佐藤さんはSNSの登録はされているんですか？

佐藤　じつはアカウントはもっています。やってみないとわからないこともありますから。でも、ほとんどログインしていないですね。

池上　情報発信はしていませんよね？

佐藤　していません。ネットでの情報発信は有料メルマガ1本に集約しています。

池上　**SNSのメリットは、インプットよりアウトプットにある**と私は思っています。きちんと読み手を意識して、自分が得た情報を整理して書く。そうやってアウ

▼
ネットの普及によって、「書き言葉」が弱くなっている

トプットすることで、知識は自分のものになっていきます。それに、アウトプットを意識してインプットするほうが効率も上がっていくはずです。

佐藤　たしかにそうですね。池上さんも私も、書籍や講義、講演会といったアウトプットの場があるから、インプットの効率がよりよくなっているのだと思います。

池上　はい。ただSNSは相互コミュニケーションが前提になっているので、ブログやレビューサイトのほうがアウトプットの場には適切かもしれません。SNSで発信力をつけようと思ったら、まず正しい日本語で、親しい友達だけではなく誰が読んでもわかりやすい文章を書くことを意識するといいかもしれませんね。

僕らの
極意
38

SNSのメリットは、インプットよりアウトプットにあり。正しい日本語で、誰でもわかる文章を書く訓練から始める。

スマホ・ガラケー・タブレット

タブレット活用のすすめ
――スマホ依存は学習を阻む大きな障壁

佐藤　ひとくちに「ネット」といっても、じつはスマホ、タブレット、パソコンなどの端末でアクセスするかによっても違います。やっかいなのはやはりスマホですね。パソコンやタブレットはまだ、うまく使えば知的世界に行くことができますが、いまのところスマホはそういう使い方には向いていない。同じウェブサイトを見ても、スマホ専用に情報自体が簡略化されていることも多く、たえず持ち歩くことの多いスマホは、ネットサーフィンとSNSの誘惑が強すぎます。

池上　電車でも街中でも、とにかくずっとスマホを見ている人って、結構な割合でいますからね。

佐藤　「依存性」もネットの深刻な問題のひとつです。歩きスマホが問題になって久しいですが、危なかろうが迷惑だろうが歩きスマホをやめられないのは「ネット依存」「スマホ依存」なわけです。こういった症状は容易にパチンコ依存やアルコ

▼
同じサイトでも、スマホ専用に
情報が簡略化されていることも多い

ール依存、セックス依存に転化します。時間の使い方として、ものすごく危ない。

池上　逆にいうと、**歩きスマホをしないのは、時間の使い方にメリハリがついていることの表れ**ですよ。先日、東京大学で講義をしたとき、同行したテレビ局のプロデューサーが面白いことに気づいたんです。「歩きスマホをしている東大生をひとりも見ない」と。名前は出しませんが、ある大学に行ったときは、ほとんどの学生が歩きスマホをしていたそうです。それから意識して東工大でも観察していますが、大岡山キャンパスでも歩きスマホをしている学生はまず見かけません。

佐藤　そういうメリハリのついた使い方ができないと、一流の大学には合格しないんですよ。これは学習論というより、家庭でのしつけの問題にもなりますが。

池上　そういうことですよね。歩きスマホは、学生だけでなくビジネスパーソンにも多いので、身に覚えのある人は注意してほしいですね。

僕らの
極意
39

ネットは「依存性」も大きな問題。歩きスマホは「ネット依存」「スマホ依存」の表れ、要注意。

パソコン、スマホ、タブレットを上手に使い分ける

佐藤 ただ、まわりを見ていて思うのですが、賢くてカネのある学生や優秀なビジネスパーソンは、パソコンとスマホとタブレット、全部もって使い分けています。

池上 私は長らく「ガラケー＋タブレット」派で、タブレットはサムスンの「ギャラクシー」を使っていました。スマホでは小さく、アイパッドでは大きい。その中間のちょうどいいサイズだったので。ただ、最近になって、「ギャラクシー」はアイフォンに機種変更しました。佐藤さんはアイパッドユーザーでしたよね。

佐藤 私も長らく「ガラケー＋タブレット」派で、スマホはもっていませんでした。最近になってアイフォンも手に入れましたが、主に使っているのは、通話はガラケーで、それ以外はアイパッドです。アイパッドは持ち歩くには少し重いのですが、出先での調べ物や急ぎのメール対応、それに自宅や仕事場の簡易ベッドに寝転がって映画やドラマを観たり、あとでお話しする資料保管のことを考えると、閲覧性・操作性がちょうどいいんです。池上さんはアイフォンをどう活用していますか？

池上 移動時間は本と新聞を読む時間なので、急ぎのとき以外は見ないようにして

います。外出先で必要に迫られて調べ物をしたりパソコン宛のメールをチェックしたりする程度です。アイフォンもタブレットも上手に使えれば画期的な知的ツールになりますが、いろいろな誘惑が多く、かえって効率が下がることも多いですから。

1日1時間、「ネット断ち」のすすめ

佐藤　池上さんなら大丈夫でしょうが、ネット依存、スマホ依存の傾向があると思う人には自覚的な「ネット断ち」「スマホ断ち」をすすめます。せめて仕事や読書に集中するときや物事を深く考えるときは、電源をオフにする習慣をつけてほしい。

池上　「ネット断ち」ができない人は、あえてガラケーにするのもひとつの方法ですよ。完全に連絡を遮断することが難しい立場の人もいるでしょうから。

佐藤　私だって、ネットサーフィンができる状況なら、ついつい見たくなると思うんです。人間は誘惑に弱い生き物で、易きに流れてしまうのはみんな一緒ですから。集中しようと思ったら、まず環境を整えることが大切です。

池上　佐藤さんはインプットの時間は完全に「ネット断ち」しているそうですね。

佐藤　1日4時間のインプットの時間は、パソコンもタブレットも電源を落として

集中しようと思ったら、
まずは環境を整えることが大切

います。それに加えて、集中して原稿を書くときには、あえてノートパソコンではなく、ネットにはつながらないテキスト入力専用端末の「ポメラ」を使うこともあります。ハッカーは常時接続のデバイスを狙うんです。いまは常時接続が当たり前ですが、マメに電源を切る習慣はいろいろな意味でプラスになりますよ。

池上　佐藤さんが1日4時間以上、インプットやアウトプットのために「ネット断ち」の時間を確保しているとすると、一般的なビジネスパーソンの目標は1～2時間でしょうか。そのくらいであれば、かなりじっくり読書もできますよね。

佐藤　とはいえ、いきなりネットを断ち切ると「禁断症状」が出るかもしれません。まずは新聞を読むあいだの30分だけ、次に書籍を集中して読む1時間だけ……と、徐々に「ネット断ち」の時間を長くしていく。簡単にネットにはつながらない、その不自由さが、逆に知的強化にはメリットになるわけですから。

ポメラ（DM200）

僕らの極意 40

ネットにつながらない「不自由さ」が知的強化になる。まずは1日1時間の「ネット断ち」から始める。

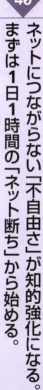

おすすめサイト

公式サイトはおすすめ

佐藤　「ネット断ち」をすすめておいてなんですが、私は新聞や雑誌の電子版を愛読していますし、ニュースサイトや個人サイトにも適宜、目を通しています。ネットの情報を完全に悪者にする気は毛頭なく、いまやネットがなかったらとても不便を強いられるとも思っています。

池上　私も同じです。危険性については十分話せたと思うので、「具体的にどんなサイトを見ればいいか」についてもう少し掘り下げましょう。佐藤さんは普段、どんなサイトをご覧になっていますか？

佐藤　ネットでとくに重要なのは、マニアックなサイトよりも、むしろ公式筋のウェブサイトです。そこにある基礎データが結構、役に立つんですよ。

池上　なるほど。具体的に言うと？

佐藤　たとえば『創価学会と平和主義』を書いたときには、創価学会の公式のウェブサイトに出ている資料から分析して、創価学会の方向性が世界宗教に向かってい

『創価学会と平和主義』

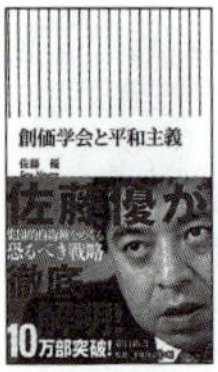

ること、その中で平和主義が本物だという見通しを立てました。すると、実際にその方向で教義がはっきり改正されたんです。あやしげな裏情報などではなく公開情報だけを使って、それくらいの分析ができるということです。

池上　ネットの普及で、簡単に資料の原文に当たれるようになったのは大きなメリットですね。発表文や行政の内部資料などは、ほぼすべてネット上に全文公開されています。佐藤さんは霞ヶ関のホームページもよくご覧になっているとか。

佐藤　はい。外務省や首相官邸のサイト、財務省や外務省の会見記録、国会の議事録は極めて重要な情報源です。ほかに執筆の際によく参照するのは、各国の新聞社、国営放送、政府や官庁、専門機関の公式サイトです。いずれも扱っている情報は一次情報のみ。それが重要なポイントです。池上さんもご覧になるでしょう？

池上　そうですね、外務省のサイトを見ると、その国の外交の歴史、日本との関係がコンパクトにまとめられていて便利です。あと私がよく見るのは日銀のサイトです。金融政策決定会合の際に日銀から公式コメントが出ますが、新聞記事を読んでもよくわからないことがあるんです。記者がよく理解しないまま書いているのでしょう。そういうときは公式サイトで原文に当たると、すぐ本意がつかめます。

佐藤　最近は読みやすく編集された「まとめ記事」が人気ですが、ネットの利用価

公式サイトの基礎データが分析の役に立つ

値はむしろ「原文」にあります。「まとめ記事」といっても、誰がどんな目的でまとめているかわかりませんから。

池上　もちろん日ごろは、新聞やテレビといった「メディアのフィルターがかかった情報」でいいんです。一般の人にも読みやすく、わかりやすくするためのフィルターですから。そのうえで、メディアの情報の中で何か気になるものがあれば、ネットで原文に当たってみるといいですね。

佐藤　ただ、役所のホームページは不親切にできているので、そこから情報を読み取るには慣れが必要ですし、ある程度の知的基礎体力も求められます。それを身につけるのが、次の章で取り上げる「書籍」です。書籍を通してどう基礎知識を身につけるかは、あとの章でじっくり話していきましょう。

僕らの

極意

41

ネットの価値は「まとめ記事」より「原文」にある。マニアックなサイトより、公式サイトを見る。

2人がチェックしている国内サイト一覧

ニュースサイト

NHKオンライン 池 佐
http://www.nhk.or.jp/
※情報が早く、ニュースをまとめてチェックするのに便利

ヤフーニュース 池 佐
http://www.yahoo.co.jp/
※「世間が関心のあるニュース」を知るのに便利

@ニフティ 佐
http://www.nifty.com/
※ヤフーよりこぢんまりしていて、独自の情報空間がある

東洋経済オンライン 池 佐
http://toyokeizai.net/
※出版社が運営する日本最大のビジネスニュースサイト

日経ビジネスオンライン 池
http://business.nikkeibp.co.jp/
※多彩な筆者の解説記事や体験記が読ませる

ハフィントンポスト 池 佐
http://www.huffingtonpost.jp/
※アメリカのリベラル系インターネット新聞（日本版は『朝日新聞』が提携）

ニューズウィーク日本版 池 佐
http://www.newsweekjapan.jp/
※『ニューズウィーク』の米国版と国際版の翻訳記事（一部）と、日本のオリジナル記事の両方が読める

琉球新報 佐
http://ryukyushimpo.jp/
※現在の沖縄の世論を知るために必読

沖縄タイムス+プラス 佐
http://www.okinawatimes.co.jp/
※『琉球新報』と比較し、反戦平和のイデオロギー色が強い

国内の公式サイト

外務省 池 佐
http://www.mofa.go.jp/mofaj/
※その国の外交の歴史、日本との関係がコンパクトにまとまっていて便利

文部科学省 池
http://www.mext.go.jp/
※中央教育審議会の諮問・答申や議事要旨・議事録・配付資料が読める

国立教育政策研究所 池
http://www.nier.go.jp/
※毎年実施されている「全国学力・学習状況調査」の調査問題や調査結果、解説資料などが読める

日本銀行 池
http://www.boj.or.jp/
※金融政策決定会合時の日銀の公式コメントを原文で読める

首相官邸 佐
http://www.kantei.go.jp/
※権力中枢の動きがわかる

財務省（会見記録） 佐
http://www.mof.go.jp/public_relations/
※エリート中のエリートである財務官僚が何を考えているかがわかる

国会の会議録 佐
http://kokkai.ndl.go.jp/
※政治のダイナミズムがわかる

SOKAnet（創価学会公式サイト） 佐
http://www.sokanet.jp/
※公明党と日本の政治全体の動向を推察する参考になる

調べ物

ジャパンナレッジ 佐
http://japanknowledge.com/
※会員制インターネット辞書・事典検索サイト。出版社が編纂した辞書類がネット上で使える

※池マークは池上氏が、佐マークは佐藤氏がチェックしているサイト　※2016年11月現在

〈海外メディア〉

海外メディアの使い方

佐藤　海外メディアの情報については、ネットが速くて便利ですよね。池上さんがおすすめの海外サイトはありますか？

池上　ビジネスパーソンが海外のニュースサイトを活用するメリットのひとつは、英語の勉強にもなるところだと思うんです。その意味では、新聞の章のコラム（94ページ）で話したように、イギリスの経済紙『フィナンシャル・タイムズ』は、とてもシンプルでわかりやすい英語を使っているのでサイトもおすすめです。

佐藤　英語の学習を意識するなら、ＢＢＣが英語学習者向けに出しているサイト「LEARNING ENGLISH」もいいですね。英語の単語数を限って、日本の高校1年生ぐらいの英語で読めるようになっています。とくに「Words in the News」というコーナーは、その時々のニュースを題材にして英語を学べる仕組みになっています。ＢＢＣはもちろん放送自体もいいのですが、ウェブサイトもよくできています。

池上　そうですね。放送局系でいうと、ＣＮＮの放送が日本語でも見られる「CNNj」

「フィナンシャル・タイムズ」

がいちばん充実していると思います。アメリカの放送局ではABCやNBCのサイトもさまざまなコンテンツを用意していますが、ニュースに特化している分、やはりCNNに軍配が上がりますね。

佐藤　英語に自信がない人は、雑誌の章（125ページ）でも話した『フォーリン・アフェアーズ・リポート』の定期購読会員になると、専用ウェブサイト「Subscribers' Only」も見られるようになります。アメリカの経済紙『ウォール・ストリート・

「LEARNING ENGLISH」

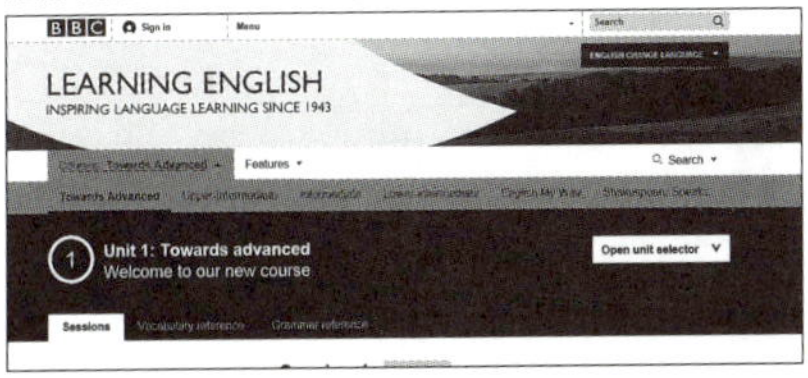

「Words in the News」

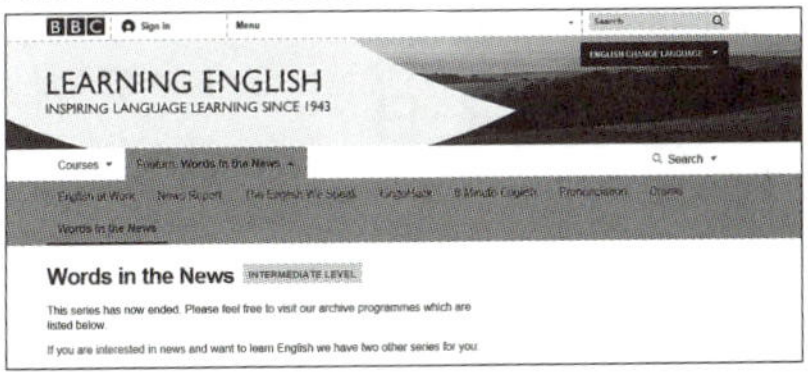

「CNNj」

「Subscribers' Only」

「ウォール・ストリート・ジャーナル日本版」

『ジャーナル日本版』もいいですね。

池上　同感です。日本のメディアとまったく異なる視点の記事は自分の視野を広げてくれます。

おすすめの無料日本語サイト——中国、北朝鮮、イラン

佐藤　海外サイトというとハードルが高く感じる人も多いでしょうが、世界各国の放送局系、通信社系のサイトには、日本語版がかなり用意されているんです。しかも、無料で読めるコンテンツがたくさんあります。

池上　佐藤さんはほかに、どんな海外サイトをチェックしていますか？

佐藤　アジアでいうと、中国共産党の機関紙『人民日報』のネット版「人民網」はよくまとまっています。韓国で最大の発行部数を誇る『朝鮮日報』と、同じく大手紙の『中央日報』の日本語版サイトもよく見ます。さらにマニアックなところでは、北朝鮮政府が運営している「ネナラ」がなかなか興味深い。日本語版があるので、誰でも北朝鮮情勢分析のために必要な基本情報を入手できます。

日本語で無料で読める
海外メディアサイトはたくさんある

池上　「ネナラ」は北朝鮮の事実上の公式ホームページですね。以前、佐藤さんにすすめられてブックマークに登録しました。

佐藤　正直どんなウイルスに感染するかわからないようなおっかないポータルサイトなので、必要なときにアクセスする程度で十分だと思います。それから、**中東情勢を知りたい場合は、イランのニュースサイト「ParsToday」（2016年春以前はイラン国営放送「ラジオイラン」のホームページ）が日本語で読めます**。

「人民網」

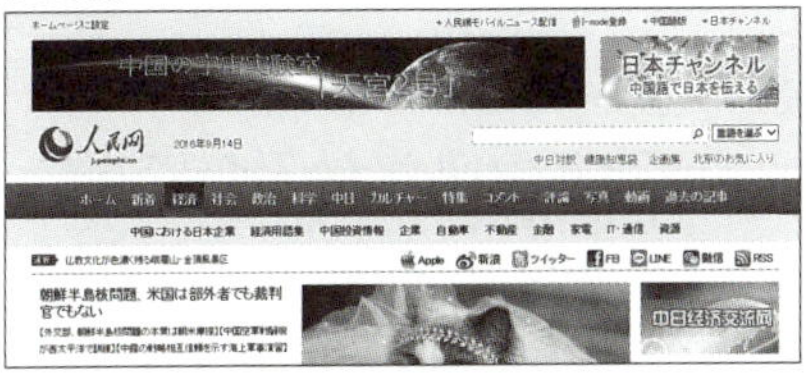

「朝鮮日報」

「中央日報」

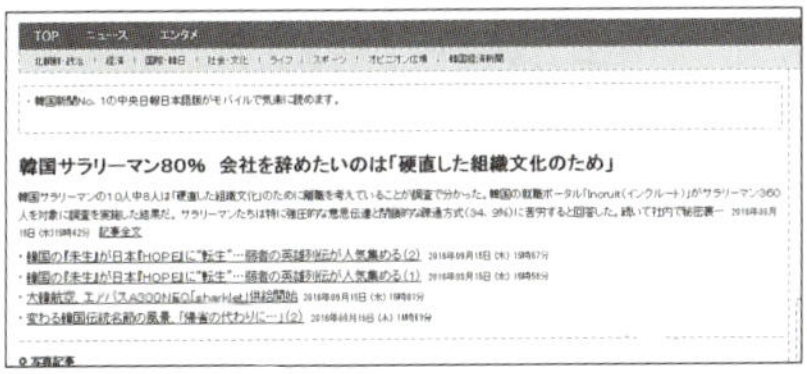

「ネナラ」

「ParsToday」

2人がチェックしている海外サイト一覧❶

海外の公式&メディアサイト

ロシア大統領府(公式サイト) 佐
http://kremlin.ru/
※公式文書が丁寧に整理されている

ロシア外務省(公式サイト) 佐
http://www.mid.ru/
※ロシア外交の基本データが得られる

イズベスチヤ(ロシア) 佐
http://izvestia.ru/
※ロシアの新聞(旧ソ連時代は政府の機関紙だった)。ロシアのエスタブリッシュメントの見解がわかる

ハーレツ(イスラエル) 池 佐
http://www.haaretz.com/
※中東問題の基本情報が得られる

ヤンデックス(ロシア) 佐
https://www.yandex.ru/
※ロシアのポータルサイト。ロシア語空間のニュースのプライオリティがよくわかる

イタル・タス通信社(ロシア) 佐
http://tass.ru/
※ロシアの国営通信社。ロシア政府の公式見解がわかる

eTVnet.com(カナダ) 佐
http://etvnet.com/
※カナダのロシア語インターネットテレビ。ロシア、ウクライナ、ベラルーシなど旧ソ連諸国のテレビがリアルタイムで配信されるとともに、アーカイブが充実している

英語で読む海外メディアサイト

フィナンシャル・タイムズ(イギリス) 池
http://www.ft.com/
※英語がシンプルでわかりやすい

ニューヨーク・タイムズ(アメリカ) 池 佐
http://www.nytimes.com/
※アメリカの高級紙。世界標準のリベラル派の情報がよくわかる

BBC(イギリス) 池 佐
http://www.bbc.com/
※イギリスの公共放送局。中東・アフリカのニュースが充実している

Words in the News 佐
(BBC「LEARNING ENGLISH」内、イギリス)
http://www.bbc.co.uk/learningenglish/english/features/witn/
※BBCの英語学習者向けサイト。日本の高校1年生ぐらいの英語で読める

※池マークは池上氏が、佐マークは佐藤氏がチェックしているサイト　※2016年11月現在

2人がチェックしている海外サイト一覧❷

日本語で読める海外メディアサイト

CNNj(アメリカ) 池
http://www.jctv.co.jp/cnnj/
※アメリカのニュース専門放送局。放送局系ではいちばん情報が充実している

ウォール・ストリート・ジャーナル日本版(アメリカ) 池 佐
http://jp.wsj.com/
※アメリカの経済紙。米国版の記事から厳選した金融・経済の情報を翻訳してリアルタイムに配信。英語に自信がない人におすすめ

フォーリン・アフェアーズ・リポート「Subscribers' Only」(アメリカ) 池 佐
https://www.foreignaffairsj.co.jp/
※雑誌の定期購読会員になると読めるサイト。アメリカの立場や外交政策を知るのに便利

人民網(中国) 佐
http://j.people.com.cn/
※中国共産党機関紙のネット版。情報がよくまとまっている

朝鮮日報(韓国) 池 佐
http://www.chosunonline.com/
※韓国で発行部数最大の新聞。韓国世論の形成に大きな影響を与える

中央日報(韓国) 池 佐
http://japanese.joins.com/
※韓国の大手紙。日韓関係のニュースが充実している

ネナラ(北朝鮮) 池 佐
http://naenara.com.kp/ja/
※北朝鮮政府が運営する事実上の公式ホームページ。北朝鮮情勢の分析に必要な基本情報が入手できる

ParsToday(イラン) 池 佐
http://parstoday.com/ja/
※中東情勢全般を知るのに便利。アメリカ内政などについてのイラン側の見方がわかる

参照しているウィキペディア

英語版 池 佐
https://en.wikipedia.org/

ロシア語版 佐
https://ru.wikipedia.org/

ドイツ語版 佐
https://de.wikipedia.org/

チェコ語版 佐
https://cs.wikipedia.org/

朝鮮語版 佐
https://ko.wikipedia.org/

日本語版 池 佐
https://ja.wikipedia.org/

※池マークは池上氏が、佐マークは佐藤氏がチェックしているサイト　※2016年11月現在

池上　イランに日本語版のニュースサイトがあるんですか？

佐藤　はい。イランのことだけでなく、中東情勢全般やアメリカ内政についても、イラン側がどう見ているのかを知ることができます。わかりやすくて非常にいいですよ。

池上　日本語版のニュースサイトがあるのは知りませんでした。さっそく、見てみます。

佐藤　いまあげたようなサイトは、元のメディアを直訳したものではなく、日本の読者を意識して独自の編集がなされています。それでも、基本的な主張は十分捉えられます。意外と知られていませんが、利用しない手はありません。

池上　その気になれば、日本語でかなりの情報が収集できるということですね。必要に応じて、最大限利用したいですね。

僕らの
極意
42
日本語で読める海外サイトはじつはたくさんある。無料サイトだけでも、かなりの情報収集ができる。

情報管理

情報管理に使えるクラウドツール
――佐藤流「エバーノート」活用術

池上　ネットで集めた情報をどう保存・整理するかも重要ですよね。情報をたくさん集めても、必要なときに使えなければ意味がありません。佐藤さんの保存・整理術を詳しく教えていただけますか？

佐藤　情報管理で重宝しているのが、「エバーノート」と「ドロップボックス」です。どちらもウェブ上にデータを保存できるサービスで、この2つは非常に使い勝手がいいですね。何でもスキャンして放り込んでおくと、ちょっとした短い時間にさっと情報を取り出せる。とても便利なツールです。

池上　私はそういうツールはあまり使わないんです。具体的には、どんな使い方をしているんですか？

佐藤　「エバーノート」には、ネット上で気になった記事や書評、論文、画像などを保存しています。書面による仕事の依頼状や、出版社に戻した校正ゲラの控えも

「エバーノート」

スキャンして残しています。紙で全部とっておこうとすると、かなりの分量になってしまいますから。

池上　紙の情報も電子化して保管しているんですね。

佐藤　そうなんです。私の場合、もともとノート1冊主義で、資料を探す時間と労力を最少にするために、どんな情報もノート1冊にすべてまとめるようにしてきました。そして手書きのメモ以外の資料は、とにかく「ゆうパック」の段ボール箱にどんどん入れていたんです。**「エバーノート」はいわば、その段ボールのクラウド版**です。

池上　野口式整理法に近いのでしょうか。

佐藤　野口式は袋に仕分けるなど、かなり細かいじゃないですか。私のやり方はもっと大雑把です。あらゆる情報を段ボール箱に古い順に入れていき、必要なものはスキャンして「エバーノート」に放り込み、データ化してしまった紙は処分してしまいます。

池上　なるほど、聞いていると便利そうですね。でも、私には逐次スキャンするマメさはないですね。最近は、新聞を破るだけ破って、スクラップを作成する時間もなかなかとれないくらいなので。

佐藤　慣れたらラクですよ。富士通が「エバーノート」に連動した特殊なスキャナーをつくっていて、名刺管理にも本当に便利です。スキャンしようと思う資料や名刺をひとまとめにしておいて、映画やロシア語のニュース番組を見ながらパパッとスキャンしてしまうんです。

池上　佐藤流、時間の有効活用術ですね。まさか佐藤さんが映画やロシア語のニュース番組を見ながら、資料をスキャンしているとは考えてもみませんでした。

僕らの
極意
43
資料はスキャンして「エバーノート」に保管。スキャンは、テレビなどの空き時間を活用する。

▼▼▼
佐藤流「ドロップボックス」活用術

池上　もうひとつの「ドロップボックス」も、クラウド上にデータを保存する似たようなツールですよね。どのように使い分けているんですか？

佐藤　「エバーノート」に入れたデータは、全部「ドロップボックス」にも入れています。それから、「ドロップボックス」は原稿の保存場所として主に使っています。「ドロップボックス」が便利なのは、原稿を保存するたびに、自動的に新しいバージョンとして記録する機能があるんですよ。

池上　原稿を書いている途中で保存したら、ファイルが上書きされずに、保存する前のファイルは残ったまま、新たなファイルが作成されるということですか？

佐藤　そうです。書きはじめて最初に保存してから、10分後と20分後に2回保存すれば、ファイルは全部で3つになります。途中で推敲を重ねたり軌道修正をしてみたものの、最初に書いた原稿のほうがしっくりくることもありますよね。そんなときは、修正前のファイルを取り出して、書き進めたものと見比べます。

池上　ボールペンや万年筆を使えば、どこをどう修正したのか一目瞭然ですが、それと似ていますね。

佐藤　まさにそうで、書き進める段階で行き詰まったときも、複数のバージョンを見比べれば、「どこで論が行き詰まったのか」を検証するのに役立つんです。

池上　佐藤さんの頭脳の一部になっている感じですね。

佐藤　あとは自分で書いた原稿の最後の校正ゲラも入れています。最近はゲラも

「ドロップボックス」

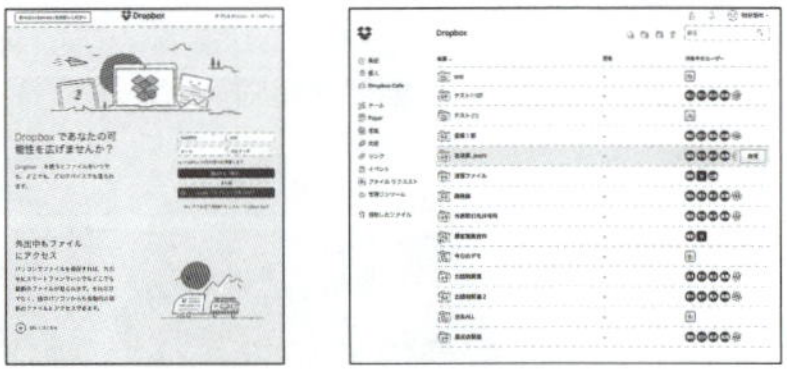

ＰＤＦで送ってくれる出版社がほとんどですから、それをそのまま入れておけば保管用としては十分です。自分の書いた本は、電子書籍化される前に、自分独自の電子データで常に持ち歩いていることになります。

クラウドツールを使うときの2つの注意点

佐藤　クラウドツールを使っていて改めて気づくのは、情報整理には大切な点が２つあるということです。ひとつは、やみくもに何でも保存するのではなく、「保存するに値する情報かどうか」をきちんと吟味、精査してから預けること。もうひとつは、「保存するに値する」と判断した情報も、きちんと目を通して、頭の中に叩き込んでから保存することです。

池上　「とりあえず何でもクラウドに保存」はダメということですね。

佐藤　そうです。これを徹底するために、たとえばネットで読んだ記事を保存する場合は、画面をワンクリックで「エバーノート」に入れられる機能はあえて使わずに、該当部分をコピーして「エバーノート」にペーストするやり方で保存しています。コピーする過程で、きちんと記事を読みますし、そのひと手間で記憶の残り方

▼
ネットを使った情報整理には
2つの大原則がある

が違ってくるので。

池上　新聞や雑誌のスクラップでも、「きちんと記事を読んでから保存する」という基本中の基本ができていない人も意外と多いですよね。

佐藤　いくらクラウドに情報を詰め込んでも、頭の中に「こんなことが書いてあったな」とおぼろげにでも残っていないと、必要なときにアクセスできません。「大事そうな記事だから、とりあえず残しておこう」では意味がないんです。逆にいうと、情報の骨格をきちんと頭に叩き込んだうえで保管しておくと、必要に応じてキーワード検索すれば、該当する情報を引き出すことができます。

池上　必要なときに引き出せない情報をいくらもっていても、それは何ももっていないのと同じですからね。クラウドは何でも詰め込める分、「精査、吟味、きちんと読む」という基本がおろそかになりがちということですね。

佐藤　なぜ保管するかといえば、その情報を使うためですからね。「保管のための保管」になっては意味がありません。ポイントは、きちんと読んで精査、吟味したものをクラウドに預けて、クラウドを「ゴミ箱」にしないことです。読んでもいないものを何でもかんでもクラウドに放り込んで、「ゴミ箱」状態化している人は、結構多いですから。

「何でも保存」「とりあえず保存」では記憶に残らないので意味がない

池上　自分の身の丈に合った、きちんと管理できる量だけを扱わなければ、使いこなすことはできませんね。

佐藤　そう思います。天才的な記憶力の持ち主でない限り、情報を丸ごと覚えることはできません。そこで、情報をそのまま保管できるクラウドに預けておくわけですが、**知を生み出すのはクラウドではなく、あくまで自分の頭**ですからね。

僕らの極意 44

【情報整理の大原則❶】「何でも保存」ではなく、保存に値する情報か精査、吟味してから保存する。

僕らの極意 45

【情報整理の大原則❷】「とりあえず保存」ではなく、読んだものを保存する。クラウドを「ゴミ箱」にしない。

【コラム❸】テレビ・映画・ドラマの見方、使い方

二人がおすすめのテレビドラマ

佐藤　情報源には活字やネットのほかにテレビもありますが、池上さんはテレビはご覧にならないとか?

池上　はい。テレビ関係者に言うと顰蹙《ひんしゅく》を買いますが、**「テレビは出るものであって、見るものではない」というのが基本スタンス**です。

佐藤　私もリアルタイムでテレビを見ることはほとんどありません。テレビが悪いというよりも、時間的な制約を考えると、どうしても優先順位が後ろになってしまうんです。ただ、アーカイブに当たることは結構多いので、**「NHKオンデマンド」**は契約しています。

池上　私はそれもまったく見ないんですよ。「NHKオンデマンド」ではどんな番組をご覧になるんですか?

佐藤　たとえば同志社大学の神学部で集中講義を行ったときには、テキストに大河ドラマ**『八重の桜』**を指定したんです。**テレビドラマは時代をよく映している**ので。そうやって資料として参考にすることがあります。

「Hulu」

「dTV」

池上　普段もドラマはご覧になるのですか？

佐藤　リアルタイムでは見ませんが、動画配信サイトの「dTV」と「Hulu」に加入していて、仕事の合間にアイパッドでよく見ています。

池上　佐藤さんの隙間時間には、アイパッドが大活躍ですね。

佐藤　そうなんです。気分転換のつもりで見はじめたドラマが、その時々の興味や関心と重なり、いつの間にかメモをとりながら見ていることもあります。

池上　私は基本的にテレビドラマも見ませんが、地熱発電を題材にした真山仁さん原作のWOWOWドラマ『マグマ』は、原発事故以降のエネルギー問題を考える点で先駆的な作品だと思いました。女優の尾野真千子さんが主演です。

佐藤　私がよくビジネスパーソンにすすめるのは、『闇金ウシジマくん』です。利子がトゴ（10日で5割）という超高金利の闇金業を営む青年、丑嶋馨《うしじまかおる》と、闇金からお金を借りて転落していく人たちの物語です。「借金という弱みを握られたら、とことんしゃぶりつくされる」「弱いものは徹底的にむしりとられる」という資本主義とカネの暴力性がよくわかります。原作は漫画で、映画にもなっていますが、テレビドラマがいちばん「カネの暴力性」がうまく描かれていると思います。

池上　ドラマは見ていませんが、そういえば原作は少し読みました。

佐藤　漫画はお好きなんですか？

池上　話題になっていたので、どんなものかとチェックしたくらいです。同じ理由で、漫

『ずっとあなたが好きだった』

『ゴルゴ13』

©さいとう・たかを／リイド社刊

画の**『ゴルゴ13』**も読みましたが、基本はテレビも見ないし漫画も読みません。興味がないわけでなく、単純に時間がないだけで……。佐藤さんは本当に広範囲にアンテナを張っていますね。

佐藤　**教養として役に立つかどうかはともかく、息抜きとしては面白い**ですよ。少し前には、「Hulu」で**『ずっとあなたが好きだった』**を見ましたが、抜群に面白かった。外務省には、母親依存から抜け出せない「冬彦さん」タイプの外務官僚が少なくなかったので、ドラマで描かれている世界もそれほど異常とは思いませんでした。私は1986年に出国し、帰国したのは95年なので、その期間に日本で流行っていたもの、とくにバブル時代のことを共有できていないんです。そのギャップを少しでも埋めたいと思って、当時のテレビドラマをよく見ています。

二人がおすすめの日本映画

池上　映画はいかがですか？

佐藤　映画館に行くのは年に数回ですが、アイパッドで映画もよく見ています。ちなみにリアルタイムでテレビを見るのは映画館に行く回数より少ないです。

池上　邦画はどんなものをご覧になっていますか？

佐藤　邦画はもともとは仕事の資料として戦前の国策映画や戦争映画を見ていましたが、動画配信サ

『ニシノユキヒコの恋と冒険』

『週末婚』

『さいはてにて やさしい香りと待ちながら』

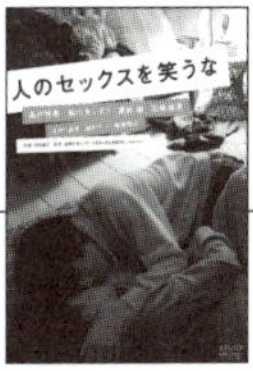
『人のセックスを笑うな』

イトと契約してからは最近の作品も見るようになりました。**個人的には女優の永作博美さんが好きで、彼女が出演しているテレビドラマや映画はほとんど見ています**。少し前のものだと『人のセックスを笑うな』、最近のものでは『さいはてにて やさしい香りと待ちながら』が面白かったですね。昔のトレンディドラマ『週末婚』は、動画配信サイトのラインナップになかったので、DVDを全巻買いました。

池上　永作博美さんのファンでしたか。

佐藤　そうです。池上さんはお好きな俳優・女優さんはいますか？

池上　いやあ、どうでしょう。番組で明るく気づかいのある方と共演したときは「素敵な人だな」と思いますが。何しろドラマや映画をほとんど見ていないものですから。

佐藤　ほかの作品では、『人のセックスを笑うな』と同じ井口奈己《なみ》監督の『ニシノユキヒコの恋と冒険』は、「人を愛することができない人たち」というテーマがよく描かれています。先ほど池上さんがおっしゃった尾野真千子さんが出演していますが、小津安二郎作品のように一場面が長回しで撮られるので、そこからおのずと出てくるアドリブをうまく拾っています。**最近の邦画はレベルが高くなっています**よ。

『シン・ゴジラ』

池上　そうですか。私は最近の邦画はきっちりフォローできていなくて。『シン・ゴジラ』はアメリカに行く飛行機の中で見て、抱腹絶倒しましたが。佐藤さんは過去の名作もご覧になっている

「eTVnet.com」

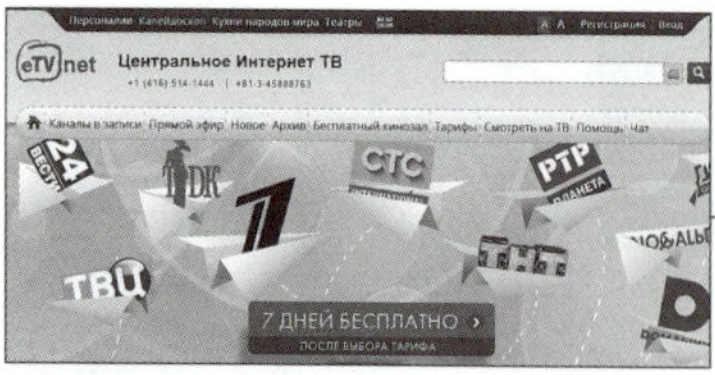

『二百三高地』

『大日本帝国』

んですよね？

佐藤　はい。個別の作品名をあげるとキリがないですが、たとえば歴史修正主義を先取りしている『大日本帝国』や、反ソ映画の『二百三高地』、女優の夏目雅子さんが出ているものなら『時代屋の女房』も面白い。「dTV」や「Hulu」では、そういう映画を月500〜1000円程度で見ることができるので安上がりな娯楽ですし、**名作も最近の作品も「人間関係のドラマ」として見ると面白くて役に立ちます**。

佐藤氏がおすすめの海外映画・ドラマ

池上　きっと海外の映画やドラマもたくさんご覧になっているんでしょうね。

佐藤　先日見た、1974年に東宝とモスフィルムが制作した初の日ソ合作映画『モスクワ わが愛』は面白かったですね。これはカナダのロシア語インターネットテレビ「eTVnet.com」で見たんですよ。

池上　インターネットテレビですか。

佐藤　そうです。北朝鮮やアルバニア、キューバ、旧東ドイツなどの、日本ではなかなか見ることのできない映画も見られて重宝しています。**映画だけでなく、ロシアの主要ニュースはかなりの割合で「eTVnet.com」で確認しています**。ネットならではの機能として、検索機能も整備されていて、過去10年分のニュースから数十秒で必要な情報を取り出すことができるんです。そういった機能を考えると、テレビはネット経由で見るのもおすすめです。

池上 なるほど、たしかにそれは便利ですね。

佐藤 映画でもドラマでも、海外作品を見るときには、私は3つの判断基準を設けています。まず資料的な価値があるもの。次に、息抜きとして気楽に楽しめるもの。もうひとつは、外国語の復習です。「eTVnet.com」はロシア語の復習にもなりますし、英語はBBC制作のテレビドラマやドキュメンタリーを中心に見ていますが、それはイギリス英語のほうが私には馴染みがあるからです。ロシア語、英語のDVDには、それぞれロシア語、英語の字幕が出るものもあるので重宝しています。

池上 テレビドラマやドキュメンタリーは現代を映しているので、生きた言葉が学べますよね。

佐藤 そうですね。英語学習の点では、BBCのドラマ『MI-5 英国機密諜報部』もよかったです。「Hulu」でひととおり見たのですが、原題は『Spooks』です。

池上 「Spook」はスパイを指す俗語で、本来は「幽霊」という意味ですよね。

佐藤 はい。中東や国際テロリズム、ヨーロッパのアンチグローバリズム運動、過激な環境運動、白人至上主義団体に関する情報も多いので、国際政治やインテリジェンスについて勉強するための教材としても優れています。

池上氏がおすすめの海外映画

佐藤 池上さんは、海外の映画やドラマもあまりご覧になりませんか?

『アルゴ』

『エージェント：ライアン』

『ターミネーター：新起動／ジェニシス』

池上　海外の新作映画は、海外との往復の飛行機の中で見ます。たとえば、しばらく前に海外に渡ったときは、行きの便で『ターミネーター：新起動／ジェニシス』の英語版を半分見て、帰りの便では日本語吹き替え版で続きを見ました。映画については、もうそれで満足です。

佐藤　そういえば池上さんは、トム・クランシーの小説が原作の「ジャック・ライアン」シリーズ『エージェント：ライアン』の字幕監修をしていましたよね。トム・クランシーはお好きなんですか？

池上　はい。**トム・クランシーはもともと原作が好きで、ずっと読んでいました**から。武力ではなく世界市場の経済破綻を狙う「次世代テロ」をテーマにしていて、9・11以降、アメリカが経済テロを恐れていることがよくわかる作品です。**トム・クランシーはノンフィクションに近い**んですよ。主人公のジャック・ライアンはCIA分析官という設定なのですが、近未来小説として書かれたことが現実になってきています。軍事情報もリアルですし。そのほかでは、**ジェームズ・ボンドの『007』シリーズあたりも結構、好き**でした。

佐藤　ジャンルでいうとスパイ映画になるのでしょうか。

池上　そうですね。なかなか映画館に足を運ぶ時間をつくることができずにいますが、**リアリティのあるスパイ映画は昔から好き**です。あとは1979年にイランで起きたアメリカ大使館人質事件を題材にしたアメリカ映画の『アルゴ』もよかったですね。第85回アカデミー賞作品賞を受賞した作品ですが、古きよきCIAエージェントの雰囲気がよく出ています。作品としても、冒頭の「つかみ」から、前代未聞の作戦の展開も面白い。しかも、それが史実に基づいているのだから、なおさらです。こうして考えてみると、私もフィクションに関して結構、リアリティを求めているようですね。

第4章

僕らの書籍の読み方

速読、多読から難解な本、入門書の読み方まで

書籍の大前提

世の中を「理解する」には書籍が基本ツール
――基礎知識は、書籍でしか身につかない

佐藤　これまで「世の中を知る」ための新聞、雑誌、ネットの読み方について話してきました。しかし、いくら新聞、雑誌、ネットを熱心に読んだところで、土台となる基礎知識が抜けていると、自分の頭でニュースや記事を深く理解することはできません。そこが、インプットの技法の難しいところです。

池上　冒頭で佐藤さんがおっしゃったとおり、世の中で起こっていることを「知る」には新聞がベースになりますが、世の中で起こっていることを「理解する」には書籍がベースになりますね。情報の新しさではネットに軍配が上がりますが、書籍には書き手によってきちんと精査、分析された情報が書かれていて、土台となる基礎知識を身につけようと思えば、書籍を読むことが必要不可欠です。

佐藤　ベースとなる知識を身につけるには、「情報の新しさ」よりも「記述の信頼度」と「体系的」かどうかが重要ですからね。「基礎知識は書籍でしか身につかない」

というのが原則だと私も思います。

池上　いい基本書を見つけ、基礎知識をしっかり身につければ、新聞やネットでニュースを見たときにも因果関係がすぐに理解できるようになります。私自身、いまも基礎知識がない分野について下地をつくるときは、机に向かって一生懸命勉強するように本を読むこともあります。一度基礎がわかってしまうまでが大変ですが、それをやっておくかどうかで、あとあと大きな違いが出てきますから。

佐藤　基礎知識を身につけることが、じつはいちばん難しく、大切なことでもありますからね。そのために使いこなしてほしいのが、この章で解説する「書籍」と、次章で扱う「教科書・学習参考書」です。

▼▼▼

土台となる基礎知識がないと、知識が積み上がっていかない

佐藤　ここ何年か、講演会などで読書術や勉強法の相談をよく受けるのですが、「熱心に勉強しているのに効率が悪い」と感じている人の多くは、じつは学生時代に学んでいるはずの基礎知識が部分的に抜け落ちているようです。中学・高校レベルの知識、とくに歴史と数学があやしい。一流大学を出て有名企業で働く上位クラスの

▼

世の中を「知る」には新聞がベース、
世の中を「理解する」には書籍がベース

ビジネスパーソンにも、そういう人が多い印象を受けます。

池上　基礎知識はすぐに身につくものではありませんが、しっかり土台を厚くしておけば、結果として効率よく知識を蓄積できるので、手を抜かないでほしいところですね。「急がばまわれ」です。

佐藤　なぜ書籍を読むことが大切かというと、書籍は基本的に、体系的にひとつのまとまった世界として内容を提示しようとしているからです。そのうえ、新聞や雑誌と同様、「編集」「校閲」というフィルターが書籍にはきちんと機能しています。土台となる基礎知識を身につけていくには、「記述の信頼度」と「体系的」かどうかの2つが重要で、それに最も適しているのが書籍です。

池上　著者のほかに、編集者や校閲者という「他人の目」を通っているので、間違いが訂正されたり、文章が読みやすく、説明がわかりやすくなっていたりすることも大きいですね。

佐藤　そう思います。ただし、「読む本は選ばなければいけない」というのも事実です。世の中には、間違った内容や偏った見解で書かれている本もありますから。国際関係を論じた本でも、最近は陰謀史観に流れているものがよく売れています。

池上　いくら本を読んでも、そういう偏ったものばかり手にするのは非常に危険で

▼
基礎知識を身につけるためには「記述の信頼度」と「体系的」の2つが重要

す。そういったことも含めて、まずは本の選び方から話していきましょう。

僕らの
極意
46
世の中を「理解する」には書籍がベース。
いい基本書を熟読し、基礎知識を身につける。

本の選び方

リアル書店に行って、知りたいジャンルの棚を見る

佐藤　池上さんはニュースで気になるキーワードや知りたいテーマに出合ったら、すぐに書店に足を運ぶそうですね。そして関連書籍をまとめ買いすると。

池上　はい。これは長年の習慣です。自宅の最寄り駅近くに大手チェーンの書店があり、大学までの乗り換え駅に大型書店が１軒あって、東京駅近くの書店にも顔を出し、ほぼ毎日どの書店かには足を運んでいます。ＮＨＫに勤めていたころは、１

日3軒以上の書店を回っていました。

佐藤　リアル書店は俯瞰性の高さが非常にいいですよね。

池上　そうなんです。書店の棚はたいていジャンルごとに分かれているでしょう。新刊が出ればすぐに気がつきますし、大きめの書店であれば、関連書籍もひと目で俯瞰できます。佐藤さんは書店には？

佐藤　自宅近くの書店にはよく足を運びます。大型書店もいくつかのターミナル駅で気に入っている場所があるのですが、このところ読者から声をかけていただく機会が増えたこともあって、少し控えています。

池上　たしかに佐藤さんが書店にいたら目立つでしょうね。私はあまり声をかけられないんですよ。それでも、「どの本を読めばいいですか？」と声をかけられると、「この本がいいですよ」とおせっかいを焼いてしまいます。

佐藤　池上さんらしいですね。

本選びには「書店員の知識」と「帯情報」を活用する

佐藤　私の場合、自分が身につけたい専門分野の書籍はほぼ読んでしまったことと、新刊本に関してはは出版社が献本してくださることも大きいですね。発売時期の古い本や専門書などの取り寄せには、国内外のネット書店もよく利用します。速いですし、希少本も探しやすいので。

池上 たしかに絶版本や希少本の取り寄せには、ネット書店が便利ですね。ただ私は不慣れなせいか、ネット書店だとキーワード検索してもどうしても漏れる本が出てくるんです。関連書籍を探したい場合は、やはりリアル書店に足を運んで棚を見るのがいちばん速い。近隣の棚からヒントをもらうこともあります。書店の棚を見ているだけで、本当にどんどん興味が広がっていくんです。

佐藤 リアル書店にはあらゆる知識が詰まっていて、大型書店の専門書売り場の書店員の知識は、月並みな大学教授を凌駕しますからね。彼ら彼女らがつくる棚のラインナップを見るのは非常に勉強になります。おすすめの本を書店員に尋ねるのもいい。「失敗しない本選び」には、書店員の知識を最大限活用するべきです。

池上 書店にあまり行かない人には、まずは定期的に足を運んでみてほしいですね。書店に並ぶ本のタイトルと帯の文章を見るだけでも、いろいろな情報を得られ、勉強になります。たとえば行動経済学について知りたいと思ったら、該当する棚に行く。並んでいる本の書名や帯のコピーを見て、「経済活動をするときに人間はなぜ

▼
リアル書店には
あらゆる知識が詰まっている

失敗を繰り返すのか」「なぜ不合理なことをやってしまうのか」などと書いてあれば、それだけで行動経済学という学問のイメージが大まかにつかめます。

佐藤　帯の情報は本選びには重要です。優秀な編集者ほど、帯にどんな情報、どんなキャッチコピーを入れるかに心血を注ぎますから。帯に力が入っている本は、それだけ編集者が力を入れている本のことが多いですね。

池上　帯は、私は読んでいる最中はつけているんですが、読み終わったら処分してしまうんです。それで読み終わった本かどうかの目印にしています。ただこのごろはたしかに、捨ててしまうのがためらわれる凝った帯も増えていますね。帯に書かれた言葉で、店頭でふと目を留めることもありますし。

佐藤　そうなんですよ。ネット書店の最大手「アマゾン」では、表紙画像に帯が載っていない本もあります。その点でも、リアル書店に足を運ぶことの意義は大きいですね。

僕らの
極意
47

書店に並ぶ本の書名と帯を見るだけで勉強になる。「失敗しない本選び」には書店員の知識を活用する。

佐藤流、池上流の「読む本の選び方」
――そのジャンルの「タネ本」はこうして見つける

佐藤　池上さんは、書店でまとめ買いした本は、全部きっちり読まれるんですか。

池上　とても全部は読めませんが、まとめ買いした本を何冊か読んでいくと、それらの関連書籍の元になっている「タネ本」（基本書）がわかります。多くは、そのテーマの初期に出版された本です。それがわかったら、そのタネ本はしっかり熟読します。**どんなジャンルでもベースになるタネ本はせいぜい3冊以内なので、そこはしっかり読むといい**ですね。

佐藤　タネ本って、関連書籍でもあまり言及されていないんですよね。それを見て書いているのがバレると気まずいから、みんな言及を避けている。そういった不自然さもタネ本探しのヒントになります。

池上　類似の関連書を4～5冊も読めば、たいてい見えてきますね。後発のほうが読みやすかったり、補足情報などがついていてわかりやすかったりもしますが、やはりタネ本が情報の密度がいちばん濃い。**発見したタネ本は内容がきちんと理解できる**

▼
どんなジャンルでも、タネ本はせいぜい3冊以内

まで何度も読み込むと、それがそのジャンルに関する基礎知識になります。

佐藤　あとは日々の情報で、知識をアップデートしていけばいいわけですからね。

池上　もちろんタネ本以外がダメなわけではありません。新しい情報や目新しい意見が書かれている「良書」に出合うと、また別の喜びがあります。いずれにしてもいい本に出合うためのコツはひとつ、「本をたくさん買うこと」です。だから私は「迷ったら買う」を原則にしています。

佐藤　私も「迷ったら買う」が原則です。もちろんハズレの本もありますが、それでも本から得られる情報は「安い」ですからね。どの分野の本でも、本1冊に書かれたものと同程度の情報を、人を通して得ようと思ったら、食事代や謝礼など、本代の何倍も費用がかかりますから。

池上　セミナーや講演会なんかもそうですね。何千円かの受講料を払って90分の話を聞いても、書籍のページ数に換算すると、たいしたことはありません。

佐藤　アメリカの大学院に留学するには1000万円以上もの費用がかかりますが、そこで使われているテキストだったら数千円で買えます。ＣＩＡのような情報機関が何億円もかけて収集した情報も、文庫本で読める時代です。「本の費用対効果は非常に高い」ということを、もっと多くの人に認識してほしいですね。

「本は費用対効果が高い」ことを認識する

僕らの
極意
48

いい本に出合うコツは「本をたくさん買う」こと。本は「迷ったら買う」が原則。本の情報は安い。

古典

ニュースで聞いたキーワードを「古典作品」で深掘りする

佐藤　基礎知識を身につけるには、古典作品を上手に読みこなすことも重要です。**古典を読むコツは、「興味のある分野のニュースと絡める」こと**。たとえば少し前の話ですが、捕鯨問題がニュースになったときは、メルヴィルの『白鯨』を読みました。

池上　１８５１年に発表された、アメリカの古典文学ですね。

佐藤　きっかけはキャロライン・ケネディ駐日米国大使が、イルカ漁に対して発言したことです。アメリカ人の捕鯨・イルカ漁に対する感覚は、ここ50年くらいで大きく変わりました。ではその前はどうだったのか。その教科書のような存在が『白

『白鯨』

鯨』です。発言の真意を読み取るには、そういった歴史的、文化的な背景を知っておく必要があると思い、手にとったわけです。

池上　海洋問題、とくに捕鯨やイルカ漁に関する問題は、文化的価値観の違いが大きな亀裂を生み出していますからね。**自分たちの価値観だけで話していては、何も進展しません。**

佐藤　『白鯨』は何度か映画化されていてタイトルは有名ですが、原作はあまり読まれていません。私もグレゴリー・ペック主演の映画**『白鯨』**は見ていましたが、今後この問題が深刻になったとき、ヨーロッパ的なクジラ観の変遷を知っておくと理解が速い。世界的に有名な『白鯨』の話ができるのは武器になります。

池上　まさにそこですね。**日々入ってくるニュースでよく知らないことがあったとき、その関連分野の古典を押さえておくのはとても大切**です。どのジャンルにも必ず押さえておくべき文献があり、そこをしっかりと勉強することで、たんなる情報が、使える知識、教養になります。時間はかかりますが確実な方法です。

佐藤　おっしゃるとおりですね。もうひとつ例をあげると、少し前に欧米で大ヒットしたダン・ブラウンの**『インフェルノ』**が、日本では大ヒットにはなりませんでした。なぜかと考えたら、日本人の多くは『インフェルノ』のモチーフとなってい

『インフェルノ』

るダンテの『神曲』に馴染みがないからだということに気づきました。それで、『神曲』を読み直してみたんです。

池上 日本と欧米では、宗教的な教養のバックグラウンドが違いすぎるんですね。ユダヤ、キリスト教系の人なら、子どものころからしっかり教え込まれていて説明のいらない話でも、日本人には説明されないとよくわからない。

佐藤 そのとき手にとったのが河出文庫版の『神曲』で、とても読みやすい訳でした。欧米人だって「地獄篇」「煉獄篇」「天国篇」と3部作すべてを読み込んでいる人は多くないので、何かのときに「武器」になると考えて。

池上 どんな話題からでも、そうやって好奇心が派生するんですね。

▼▼▼ 古典名作が武器になるわけ

佐藤 私は大学に進学したとき、語学の勉強や哲学書の解読に膨大な時間がかかったため、あえて小説を読むのをやめた時期があるんです。

池上 小説とテレビをやめたんですよね。

佐藤 はい。友人に小説とテレビをすべて譲って、1日平均10時間ほどを神学と語

『神曲　地獄篇』

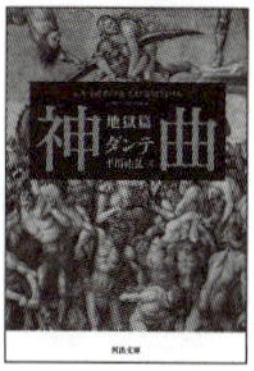

『神曲　煉獄篇』

『神曲　天国篇』

学の勉強にあてました。短期間で何かを学ぶ必要に迫られたときは、ほかの情報を遮断したほうが集中できますから。でも、あとで小説の重要性に気づいたんです。**ただのエンターテインメントではなく、文化や歴史をよく表している情報源**だと。しかも面白いですからね。

池上　私も小説好きなのでよくわかります。

佐藤　とくに古典名作のいいところは、先ほどの**『白鯨』**にしても**『神曲』**にしても、アメリカ人やヨーロッパ人と話をしたとき、相手が内容を知らなかったら、**「読んでいないあなたが悪い」と言えること**です。それが古典名作の強さです。**読んでいることで優位に立てるのが古典**なんです。

池上　たしかに古典名作はコミュニケーション上の武器になりますね。長く読まれてきたものには、それだけの強さがあります。

佐藤　日本の古典だと、夏目漱石がその典型です。海外に行って日本文化の話になったとき、あえて乱暴な表現をするならば、「漱石の**『坊っちゃん』**や**『こころ』**を読まずに日本を語るな」と言えるわけです。日本人同士の会話でも、漱石の『坊っちゃん』や『こころ』を読んでいないと、**「それは読んでいないあなたが悪い」**と言える。ほかの明治の文豪の作品になると、そこまで強くは言えず、**「そんな話**

『坊っちゃん』

『こころ』

を持ち出すあなたが悪い」となるのが残念ですが。

僕らの極意 49

読むことで優位に立てるのが古典。「読んでいないあなたが悪い」と言えるのが強み。

おすすめの古典一覧

佐藤　古典では、思想哲学書も非常に役に立ちます。よくすすめているのが講談社の『人類の知的遺産』シリーズ。かなりボリュームがありますが、先人たちの知恵がわかりやすく編纂されています。

池上　いいですね。全80巻。一部を除き、ほぼ講談社学術文庫に入っています。

佐藤　中央公論社から出た『世界の名著』『日本の名著』『日本

『人類の知的遺産』

『世界の名著』

『日本の名著』

『日本の文学』

の文学』もおすすめです。中央公論がいまの新社になるずっと前、1960～70年代のいちばんエネルギーがあったころに編まれた名シリーズです。すべて通読するのは難しいかもしれませんが、20代、30代で時間に余裕のある人なら、このあたりを読んでおけば間違いないでしょう。

池上　論理的な思考力を身につけるためには、難解な本と格闘する経験が必要不可欠ですからね。

佐藤　そう思います。とても難しいけど理屈が通っている本を丁寧に読む。そうすると、物事を論理立てて考えられるようになったり、だまされにくくなります。格闘する古典は『資本論』でも『精神現象学』でも『存在と時間』でも、西田幾多郎《きたろう》の『善の研究』でも何でもいいわけです。

池上　脳みそが汗をかくほど必死に向き合う。そういう訓練を積むと、佐藤さんが最近よく指摘している「反知性主義」に陥らない予防薬にもなりますね。

佐藤　はい。優れた古典は複数の読み方、読み解きが可能なんです。それぞれの立場によって解釈や受け止め方がぜんぜん違ってくる。そういう蓄積が山ほどあるから、『聖書』も『コー

『資本論』

『精神現象学』

『存在と時間』

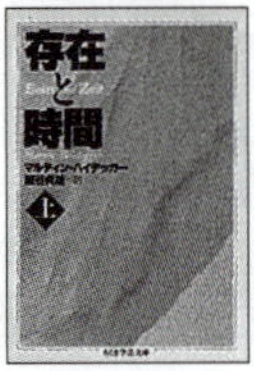

『善の研究』

ラン』も『法華経』もみんな面白いんですよ。

池上　私は以前、雑誌の『CREA』で、「世界を動かした10冊」という連載をしていました。『世界を変えた10冊の本』というタイトルで書籍にもなりましたが、毎月1冊、世界を変えた本を紹介するという内容だったんですね。

そこでは『アンネの日記』『聖書』『コーラン』『プロテスタンティズムの倫理と資本主義の精神』『資本論』『イスラーム原理主義の「道しるべ」』『沈黙の春』『種の起源』『雇用、利子および貨幣の一般理論』『資本主義と自由』を取り上げました。

佐藤　素晴らしいラインナップです。『世界を変えた10冊の本』は私も読みましたが、

『CREA』

『法華経』

『コーラン』

『聖書』

『イスラーム原理主義の「道しるべ」』
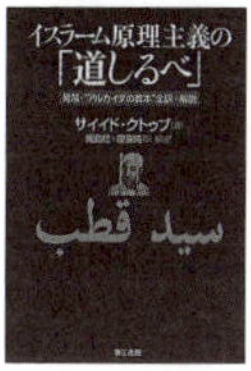

『プロテスタンティズムの倫理と資本主義の精神』

『アンネの日記』

『世界を変えた10冊の本』

『資本主義と自由』

『雇用、利子および貨幣の一般理論』

『種の起源』

『沈黙の春』

池上さんのわかりやすい解説とともに内容がスラスラと頭に入ってくる。古典というと難解なイメージが強くて敬遠されがちですが、まさに現代を知るための古典の入門書としておすすめしたいですね。

僕らの
極意
50

優れた古典は複数の読み方、読み解きができる。難解な本と格闘し、論理的な思考力を身につける。

入門書

通俗化された良書で時間を節約する

佐藤 いま話題に出たので、「わかりやすさ」「通俗化」の重要性についてもビジネスパーソンに強調しておきましょう。わかりやすさは「時間の経済」を考えたときにとても重要です。内容を正確に、質を落とさず、わかりやすく通俗化してくれる文献があるなら、どんどん頼ったほうがいい。もっとも、巷には「わかりやすいけど間違っているもの」もゴロゴロしているので注意が必要ですが。

池上　そうなんですよ。私は常々わかりやすい解説を心がけていますが、いちばん苦心するのは「いかに内容を変えずに、わかりやすく伝えるか」です。わかりやすくなっても、意味やニュアンスが違ってはまったく意味がありませんから。

佐藤　ただ、わかりやすくて間違っているものは、往々にしてトンデモ本扱いされるか、専門家から批判が来ますよね。池上さんの解説は、幅広い分野を扱いながら、その分野の専門家から反論を受けないでしょう。それは、物事の基本のところ、標準的な見解をきちんと押さえているからです。

池上　ありがとうございます。なまじ中途半端な知識でわかりやすくしようとするのがいちばん危険なんですね。よく話すのは、「どんな研究をしているの？」と尋ねられたときの、「大学の学部生」「大学院生」「教授」の回答の違いです。学部生はシンプルに答えるのですが、研究がまだ浅いので、大切なところが抜けてしまいがちです。大学院生の場合は研究内容をくまなく説明しがちで、大事なところも押さえていますが重要でないところも説明するので、メリハリがなくてわかりにくい。その点、ベテラン教授は、何が重要な幹で、何が枝葉かをきちんとわかっているの

「時間の経済」を考えるとわかりやすさは非常に重要

で、ポイントを押さえたうえで簡潔な説明ができる。全体像を理解したうえで、余計な情報を削ぎ落とす。それがポイントなのかなと思います。

佐藤　とてもよくわかります。日本語で「通俗化」というと悪い意味に捉える人がいますが、本来は非常に高い技術が必要なものです。知識を身につけるためには、読者は「通俗化の上手な作家」を見極める目を養ってほしい。池上さんの本はもちろんですが、先ほどの『神曲』なら、時間がないビジネスパーソンは阿刀田《あとうだ》高《たかし》さんの『やさしいダンテ〈神曲〉』を読んでおくだけでもいいと思います。

池上　『やさしいダンテ〈神曲〉』は佐藤さんが解説を書いていますね。阿刀田さんは『旧約聖書を知っていますか』『新約聖書を知っていますか』などもいいですね。『コーランを知っていますか』もイスラムの入門書としてきちんと要所を押さえていて、楽しく読めるのでおすすめです。

佐藤　そういう「直接仕事に関係ないけど、知識・教養として知っておいたほうがいいこと」に関しては、通俗化された良書でうまく時間を使ってほしいですね。

『やさしいダンテ〈神曲〉』

『旧約聖書を知っていますか』

『新約聖書を知っていますか』

『コーランを知っていますか』

僕らの
極意
51

自分の専門分野以外については、「通俗化された良書」で時間を節約する。

大月書店、労働大学出版センター、潮出版社、第三文明社の入門書は侮れない

佐藤　ひと昔前だと、評論家の加藤周一さんも通俗化が上手な方でした。余談ですが、読書術の古典と称される加藤さんの『読書術』は1962年に光文社のカッパ・ブックスから発行されたものですが、いまは岩波現代文庫に収録されています。つまり、「50年前のカッパ・ブックスが、いまの岩波現代文庫のレベル」という言い方もできるわけです。

池上　カッパ・ブックスというと、学術性よりエンターテインメント性が高く、いわゆるインテリ層は手を出さないイメージがありました。

佐藤　昔と今では、それだけ知識レベルに差があるとも言えるわけですね。それか

『読書術』

ら、一連の左翼系出版社も通俗化の高い技術をもっています。共産党関連の書籍を多く出版している大月書店や、社会主義協会系の労働大学出版センターが出している本には、マルクス主義系の使える通俗書が結構ありますよね。

池上　これらの想定読者は労働者なんですね。朝から晩まで肉体労働をしてきて、疲れて帰ってきたら、誰だって難しい本なんて読みたくない。ではどうしたら読んでもらえるか、そこに心血を注ぐんでしょう。

佐藤　そう思います。創価学会系の潮《うしお》出版社と第三文明社も、そのあたりを重要視しています。だから読みやすく、決してレベルも低くない。彼らの場合は、ベースの部分にマルクスの原典や日蓮大聖人の教典があるわけです。そこからズレるわけにはいかないから、正確に通俗化する技術が身につくんでしょうね。

池上　**わかりやすく書かれた入門書を選ぶときは、きちんと通俗化されているか、いい加減な通俗化なのか、その見極めが大切**です。上手な通俗化の手法を身につけるには、講談社ブルーバックスから出ている**『「分かりやすい表現」の技術』『「分かりやすい説明」の技術』**が私にはとても勉強になりました。たとえば「道路標識はどの位置に配置すれば迷わないか」とか「わかりにくい取扱説明書の改善例」とか、日常のさまざまなケースが解説されています。

『「分かりやすい表現」の技術』

『「分かりやすい説明」の技術』

佐藤　講談社ブルーバックスには通俗化された良書が多いですよね。

池上　科学系のジャンルには、とくに優れた通俗化の技術が活かされた本が多いと思います。『「分かりやすい表現」の技術』には、わかりやすく説明するには因数分解が必要だと書いてあるんです。理科系ならではの視点もあり、非常に面白くておすすめです。

佐藤　理科系で成功したシリーズだと、**『素数入門』**や**『数論入門』**、それに**『不完全性定理とはなにか』**などもいいですね。最近読んだものでは、**『ゼロからわかるブラックホール』**も面白かった。考えてみると、科学というのは最も通俗化が進んだジャンルかもしれませんね。

『素数入門』

『数論入門』

『不完全性定理とはなにか』

『ゼロからわかるブラックホール』

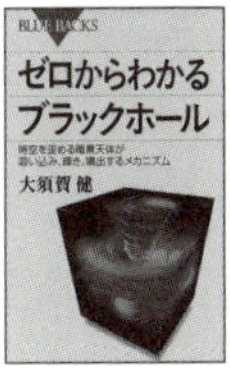

本の読み方

読み飛ばす本も「はじめに」「おわりに」は目を通す
――本のいちばん弱い「真ん中」を拾い読みして、本の水準をはかる

佐藤　ここからは「本をどう読むか」について、まずは私たちの技法から話していきましょう。池上さんはどのように本を読んでいますか?

池上　先ほども話しましたが、**何か知りたいことができたときは、まず書店に足を運び、目に留まった関連本はとにかく買って片っ端から読んでいきます**。何冊も読むのは大変だと思う人もいるでしょうが、1冊読めばそのテーマに関する大まかな知識がつくので、同じテーマの本なら2冊目以降はスラスラ読めます。それに「1冊目よりも内容が薄い、レベルが低い」と感じたら、そこでやめて次の本に移ります。すべての本を最初から最後まできちんと読む必要はありません。

佐藤　全部を精読しようと思ったら、いくら時間があっても足りませんからね。

池上　若いころは「せっかく買ったのに、もったいない」と我慢して読んでいましたが、あるとき人生の残り時間を考えるようになり、**「時間のほうがもったいない」**

と思うようになりました。それで、「じっくり熟読する本」と「速読で済ませる本」を分けるようにしています。

佐藤 まったく同感です。池上さんは、熟読する本と速読で済ませる本の選別は、どうしていますか？

池上 「本の種類」によって変えています。基本書となる「タネ本」はじっくり読みます。ほとんどがそのジャンルの初期に出版されたものなので読みにくいこともありますが、理解できるまで何度も読みます。速読で済ませるのは、これまでに読んだ関連本よりも内容が薄かったり、新しい発見があるとは思えない本ですね。ただし、どの本も「はじめに」と「おわりに」には必ず目を通します。熟読する本なら全体像を俯瞰できてスムーズに読めますし、速読で済ませる本も「はじめに」「おわりに」に目を通しておくことで、のちのちの記憶に大きな差が出てくるので。

佐藤 私は基本的に、読み飛ばす本もすべてのページをめくるようにしています。熟読するに値する本かどうかを見極めるコツは、最初に本の「真ん中」部分を開いて、そこを少し読んでみることです。冒頭と末尾は、著者と編集者が「売る」ために一生懸命力を入れてつくりますが、真ん中は書き手も編集者も緊張と集中力が続かず、中だるみしがちです。だから、あえてその本のいちばん弱い真ん中の部分を

▼
すべての本を最初から最後まで読む必要はない

拾い読みすることで、本の水準を知るんです。真ん中あたりに誤植が多かったり、文章が論理的につながっていないような本は、あらかじめ排除して読まないようにしています。

僕らの極意 52

「読み方」は本の種類で変える。基本書は熟読し、速読の本も「はじめに」「おわりに」は目を通す。

僕らの極意 53

「真ん中」部分を見れば、その本の実力がわかる。真ん中に誤植が多い、文章が乱れた本は読まない。

効率的な読書のコツは「本を仕分ける」こと

佐藤　それから、効率的に読書をするには、「本を仕分ける」のもコツですね。

池上　「本を仕分ける」というと？

佐藤　仕分けには何種類かあります。たとえば「勉強や仕事で読む本」と「娯楽で読む本」に仕分ける。あるいは「現時点で自分が理解できる本」と「理解できない本」を仕分ける。

池上　ああ、なるほど。その本との向き合い方を決めておくということですね。

佐藤　はい。**「娯楽で読む本」は、読者がそれぞれ好きに楽しんで読めばいい**わけです。私の場合、小説や漫画、実用書、猫や動物の写真集などですが、そういう本は無理に速読する必要もありませんし、嫌いな作家の本を読む必要もありません。不愉快な書き手の文章を読んだり写真を見ても、娯楽になりませんから。一方、「勉強や仕事で読む本」は、嫌いな作家や学者が書いた本でも丁寧に読みます。

池上　一般的な読書術というのは、後者の「勉強や仕事で読む本」をどう読みこなすかの技法のことですよね。

佐藤　はい。それについては拙著の『**読書の技法**』で詳しく解説したとおりです。もうひとつ大切なのは、**「現時点で自分が理解できる本」と「理解できない本」の仕分けをすること**です。「理解できる本」は普通に読めばいい。「理解できない本」については、さらに2種類に分ける必要があります。

池上　雑誌の章（142ページ）で述べた、論理が飛躍したり破綻しているものですか？

『読書の技法』

▼

「娯楽で読む本」は、読者が好きに楽しんで読めばいい

佐藤　それがひとつです。説明がいい加減だったり論理の整合性が崩れているなど、よくいえば「独創的な本」、悪くいえば「デタラメな本」は、いくら読んでも知力は向上しません。そういう本は、入り口で排除する必要があります。

池上　時間は極力、有効に使わなければいけませんからね。無意識のうちに間違った知識がインプットされるという恐ろしいリスクもありますし。

▼▼▼

「超速読」と「普通の速読」を駆使して、月300冊に目を通す
——多い月は500冊以上。ただし熟読する本は平均4〜5冊

佐藤　「理解できない本」のもうひとつは、積み重ね方式の知識が必要とされる本です。端的な例は外国語で書かれた本ですね。ロシア語の読解力がなければ、ロシア語で書かれた本はインクのシミがついた紙の束にすぎません。同様に、偏微分の知識がなければ金融工学の本は理解できない。歴史書や思想書でも同じです。

池上　つまり、自分に知識があるかないかで価値や重要性が変わる本だ、と。

佐藤　はい。こういう本は、先ほどから述べている基礎知識が欠けていると理解できません。自分の知識のどこに欠損があるのかを虚心坦懐に見つめ、次章で取り上

▼
「勉強や仕事で読む本」をどう読みこなすかが読書の技法

げる教科書や学習参考書などを使って、それを埋める努力をすることですね。

池上　基礎知識がないのに、いくら難しい専門書や時事的な問題を扱った本を読んでも理解できませんからね。知識の積み重ねが必要になるような難解な本は「急がばまわれ」で、教科書や学習参考書で基礎知識を強化することで読み解けるようになるということですね。

佐藤　そうです。あとは池上さんと同じように、「時間をかけて熟読する本」と「速読で済ませる本」に分けています。基礎知識を身につけるための本や書評を書く本、半年から1年後の仕事に直結するような本は、時間をかけてじっくり1行、1行熟読します。

池上　『読書の技法』の中で、佐藤さんは「月平均300冊、多い月は500冊以上に目を通す」と書かれていましたが、それには「熟読」「超速読」「普通の速読」と3つの読み方を駆使しているようですね。

佐藤　熟読というのは、いま述べたように1行、1行じっくり線を引いたり重要箇所を囲んだり書き込みをしたりしながら読むやり方です。よくわからない部分には、「?」マークを書くこともあります。月300冊に目を通すうち、熟読するのは月平均4〜5冊です。月500冊のときでも、熟読する本は6〜7冊。熟読する本を2冊

▼
基礎知識を強化すれば、難解な本も読み解ける

増やすのはそう簡単ではありませんから。残りの本はすべて「超速読」か「普通の速読」のいずれかで処理しています。

僕らの
極意
54
効率的な読書には「本を仕分ける」ことが大切。理解できない本は2種類に分けて対処する。

▼▼▼

佐藤流「超速読」と「普通の速読」のやり方
──超速読は1冊5分、「普通の速読」は1ページ15秒で処理する

池上　「超速読」でも「普通の速読」でも、「すべてのページに目を通す」という原則は変わらないわけですよね。

佐藤　そうです。「超速読」は1冊を5分程度で読むやり方で、「はじめに」の1ページと目次を読み、それ以外はひたすらページをめくります。このとき、文字は読まずにページ全体を見るようにし、目に飛び込んでくる見出しやキーワードを頭に焼

佐藤流「熟読&速読」の技法

佐藤

「超速読」の技法（1冊5分程度）

【目的】

試し読み。本全体の印象をつかみ、熟読に値する本かを見極める。また、きちんと読む際に、どこを読めばいいかのあたりをつける

【やり方】
1 「はじめに」の1ページと目次を読み、あとはひたすらページをめくる
2 文字は読まない、目に飛び込んでくる見出しやキーワードを頭に焼き付ける
3 気になる箇所や語句には印をつけ、あとでわかるようにポストイットを貼る
4 そして結論の1ページを読む

「普通の速読」の技法（1冊30分程度）

【目的】
内容を大雑把に理解・記憶し、本のどこに何が書いてあるかを頭に入れる
※本の内容を100パーセント理解しようという「完璧主義」は捨てる

【やり方】
1 「はじめに」と目次を注意深く読む
2 次に「おわりに」を読み、きちんと読むべき部分を見つける
3 その部分については、文字をできるだけ速く目で追う（1ページを15秒くらい）
4 気になる箇所には印をつける
5 それ以外のページは、超速読の方法で読む
6 重要なものはノートに読書リポートを作成する

「熟読」の技法（本によって時間は異なる、平均1ページ=1分）

【目的】
当該分野の基礎知識を身につける、強化する

【やり方】
1 まず本の真ん中くらいのページを読んでみる
2 シャーペン（鉛筆）、消しゴム、ノートを用意する
3 シャーペンで印をつけながら読む
4 本に囲みをつくる
5 囲みの部分をノートに写す
6 結論部分を3回読み、もう一度熟読する

▼

熟読の要諦は、同じ本を3回読むこと
［基本書は最低3回読む］
第１回目　線を引きながらの通読
第２回目　ノートに重要箇所の抜き書き
第３回目　再度通読

▼

熟読できる本の数は限られている
熟読する本を絞り込むために、速読が必要になる

※佐藤流の読書術をさらに知りたい方は『読書の技法』（弊社刊）をご参照ください

き付けます。そして結論部分の1ページを読みます。そうすることで、**本全体の印象をつかむと同時に、熟読に値する本かどうかを見極め、その本で読むべき箇所のあたりもつけます**。

池上　そのジャンルの基礎知識さえしっかりしていれば、それでも本のおおよその内容はつかめそうですね。「普通の速読」というのは？

佐藤　**「普通の速読」は1冊を30分程度で読むやり方で、文字をできるだけ速く目で追い、1ページ15秒で読むことを目標にします**。まず「はじめに」と目次、そして「おわりに」を読み、その本のどこが重要かのあたりをつけ、その箇所は1ページ15秒、それ以外は超速読で済ませます。同じ行を何度も読まないようにするために定規を使うこともあります。詳しいやり方は**『読書の技法』**で書いたとおりなので、そちらをぜひ参考にしていただければと思います。

池上　ちなみに、いまはどんな本を熟読しているんですか。

佐藤　ロシアの地政学の本と、アメリカのファンダメンタリスト（根本主義者）系のキリスト教の本**『キリスト教神学』**です。

池上　かなり重量感がある本ですね。

佐藤　全4巻で読み応えがあります。アメリカについて語るには避けて通れない知

『キリスト教神学』

▼ 1冊5分で読む「超速読」と1冊30分で読む「普通の速読」がある

識なので、格闘しています。ただ、ここまで熟読する本はそれほど多くないですね。

僕らの極意 55

1冊を5分で読む「超速読」を駆使して、熟読すべき本か見極め、読む箇所のあたりをつける。

僕らの極意 56

1冊を30分で読む「普通の速読」は、重要箇所を1ページ15秒で読み、残りは超速読する。

本にコピー用紙を挟み込み、何でも書き込んでおく

佐藤　池上さんも本を読むときは線を引いたり、書き込みしたりするんですよね。

池上　はい。そういう意味では、私も買った本を2種類に分けています。線を引いたりページの角を折るなど徹底的に使い込む「奴隷の本」と、愛蔵書として大切に扱う「お姫様の本」です。

佐藤　わかりやすいですね。手を動かしながら読むことで、記憶への定着度が違ってきますよね。

池上　そうなんです。私も読んでいて触発されることが出てくれば、思いついた内容も本の余白のスペースに書き込みます。それから、Ａ４のコピー用紙の裏紙を四つ折りにして本にいつも挟んでいて、気になる内容や参考になる文章があると、その紙に書き込んでおきます。

佐藤　しおり代わりに挟んだ紙に書き込むわけですね。

池上　はい。気になるフレーズやキーワードが出てくれば、その箇所のページ番号と一緒に書いておきます。頭に浮かんだ疑問や一言コメントも書きます。Ａ４の紙に書いておけば、クリアファイルに入れて簡単に保管することもできるので。

佐藤　私も簡単なコメントなら本の余白に書き込み、まとまった感想や抜き書きはノートにまとめています。普段、使っている文房具はシャーペンですか？

池上　記者時代から変わらず、速記用のシャーペンを使っています。芯の太さは0・9ミリ、濃さは2Bです。

佐藤　私も速記用のシャーペンを使っていますが、芯の太さは1・3ミリ、濃さは2Bです。軽く書いても濃い文字が残るのでいいですよね。

▼
手を動かしながら読むと、記憶への定着度が高まる

僕らの極意 57

本は線を引き、書き込みをしながら読む。速記用のシャーペン、芯の濃さは2Bがおすすめ。

読書ノートのすすめ
——「読んだら終わり」にせず、自分なりに考える

池上　私が大学生のころは、「京大式カード」というB6サイズのカードが流行りました。本を読んだあとカードに何でも書き込んでいくんです。私も1冊読むたびに書名、出版社名、著者名、読んだ日付、目次や簡単な内容などをカードに書いて、サイズに合わせたボックスに溜めていました。

佐藤　渡部昇一《わたなべしょういち》さんの『**知的生活の方法**』でも、情報カードを用いた整理術を扱っていますね。いまはパソコンやタブレットが普及しているので、カード形式にこだわらず、「**エバーノート**」などクラウドツールをうまく活用するのもいいと思います。

ただ、知識を定着させるうえで物理的に手を動かすことの重要性はいまも変わりま

『知的生活の方法』

せん。

池上　だから私は、いまでも1冊読み終わったら、著者名と書名、読み終えた日付を手帳に書いていています。そのときのポイントは、公私を問わず、大きなニュースや出来事があった場合には、1行メモとして一緒に付け加えておくことです。

一緒に記録しておけば、「あの事件が起こったときには、こんな本を読んでいたのか」「夏休みや正月には、このジャンルをよく読んでいたな」などと当日のニュースや季節の出来事とセットになって、本についても思い出すことができるので。

佐藤　「記憶のトリガー」になるものを一緒に書き込んでおくわけですね。

池上　そうです。本単独では思い出せな

池上流「本の読み方」

池上

1. **知りたいテーマができたら、まず書店に足を運ぶ**
2. **目に留まった関連本をすべて買い、片っ端から読んでいく**
   ※いい本に出合うコツは、「本をたくさん買うこと」に尽きる
   ※本の情報は安い、本の費用対効果は高い
   ※「迷ったら買う」が原則
3. **すでに読んだ本よりレベルが低いと思う本は途中で読むのをやめる**
   ※時間のほうがもったいない
   ※ただし「はじめに」と「おわりに」には必ず目を通す
4. **そのジャンルの基本書となる「タネ本」はじっくり理解できるまで何度も読む**
5. **本を読むときは線を引いたり書き込みをする**
6. **A4コピー用紙の裏紙を本に挟み、気になる内容などはメモしていく**
7. **読み終わったら著者名と書名、日付を手帳にメモする**
   ※そのときのニュースや出来事も一緒にメモすると「記憶のトリガー」になる
8. **次の本を読みはじめる前に、本の内容を頭の中で反芻する時間を必ずとる**

い場合でも、前後の出来事と合わせて見直すことで「あのときには、あんな本を読んでいたな」と思い出し、不思議と内容もよみがえってくることがあるので。

佐藤　私は食い意地が張っているので、「あの本を読みながら、おいしい生ハムを食べていた」というような感じで、食べ物と結びつけて記憶することがよくあります。

池上　最近は忙しくて読書ノートをつける時間がないときでも、読み終わったあと、すぐに次の本に移らず、「この本の内容はこうだった」と頭の中で反芻して考える時間は必ずもつようにしています。本を読んだらそれでおしまいにせず、その内容を自分の中できちんと消化する時間が必要ですよね。

僕らの極意 58

読書ノートには「記憶のトリガー」になる出来事を一緒に書き込むと、関連して本の内容も思い出せる。

読書時間・移動時間

読書時間は「逆算の発想」で捻出する

佐藤　「本を読む時間がとれません。どうすればいいですか？」という質問をよく受けます。これに関しては、まずは「1日これだけの時間、本を読む」と自分の中で最初に決めてしまわないと難しいと思います。全体の「器」を先に決め、そのためにどの時間帯にどのくらい捻出するか、「逆算の発想」で考えるわけです。

池上　「読む気」さえあれば、時間はいくらでも見つけられるはずですからね。行き帰りの通勤時間、昼休みの10分、ランチのときに注文してから運ばれてくるまでの5分、寝る前、起きたあとの15分。忙しければ忙しいほど、あらかじめ時間を確保しておく必要があります。

佐藤　だから私の場合は、「どんなに忙しくても、毎日4時間はインプットの時間を死守すること」を自分自身に課しています。

池上　4時間というのは、純粋に読書の時間ですか？

佐藤　そうです。それ以外の時間も、できるだけインプットの時間を長くしたいと考えていきます。インプットしなければアウトプットもできませんから。

池上　毎日4時間を確保するのはなかなか大変ではないですか？

佐藤　**「ネット断ち」と「酒断ち」の2つがポイント**ですね。「ネット断ち」は前章でもお話ししたように、完全にパソコンやタブレットを断って書斎にこもります。幸い、猫を仕事部屋に入れるとキーボードの上にガバッと寝てくれるので、必然的にパソコンのキーが押せなくなるんです。

池上　なるほど、佐藤家流の「ネット断ち」ですね。もうひとつの「酒断ち」は？

佐藤　よく「外交官時代に一生分飲んだから」と言うんですが、**50歳を過ぎてから人生の残りの持ち時間を考えるようになった**というのが正直なところです。酒を飲んだら、酔いがさめるまでのあいだに読書や仕事ができず、それがもったいないと思うようになって。極論をいえば、**「酒を飲むのは人生の無駄だ」**と私は思っています。二日酔いなんて、ただの中毒症状で言語道断ですし。

池上　私も、よく「どうしてそんなに本が読めるんですか？」と聞かれますが、**「下戸で酒が飲めないからです」と答えると、大半の人は納得してくれます**。

佐藤　酒飲みほど、自覚しているんだと思いますよ。

池上　人付き合いの点では飲めたほうがいいとも思うんですよ。私も記者時代には、

「1日これだけ本を読む」と決め、「逆算の発想」で時間を捻出する

取材先で「オレの酒が飲めないのか」と迫られ、つらい思いをしたものです。

佐藤　でも、いまはノンアルコールビールが普及したので、酒席でも雰囲気を崩さずに参加しやすくなりましたね。私も会食の場では、合間にノンアルコールビールをよく飲みます。はずせない会食では、そういう方法もあるでしょうね。

池上　もっとも「こいつは酒を飲まない」と認知されたら誘われる機会も減っていきます。そのデメリットと、読書時間をつくり出せるメリットを自分の中でどう捉えるか。ただ、ある程度は浮世の義理を欠かないと、本を読む時間がとれないのは事実だと思います。

僕らの極意 59

読書には「ネット断ち」と「酒断ち」が重要。極論をいえば、「酒を飲むのは人生の無駄」。

池上流＋佐藤流「移動時間の活用法」

佐藤　池上さんはよく移動時間を読書時間にあてているとおっしゃいますね。

池上　ＮＨＫに通勤していたころからの習慣です。往復で約2時間、朝から読みはじめた本が帰宅するころ読み終わるので自宅で残りを読み、翌日は違う本をカバンに入れて家を出るというサイクルでした。土日は歯ごたえのある本を読んだり、時間があるときにまとめて読んだりして、年３００冊以上は読んでいました。

佐藤　ルーティンとして毎日継続していたのが素晴らしいですね。

池上　通勤時間の長い人は、絶好の読書タイムと考えてほしいですね。実際に私はフリーになってから仕事場で原稿を書く時間が長くなり、通勤時間がなくなるのと比例してインプットの時間が激減しました。「これはまずい」と思っていたら、東京工業大学の授業を受け持つようになり、また通勤時間ができたのですが。いまは名古屋の名城大学でも教えるようになったので、東京・名古屋間の新幹線の車内は貴重な書斎です。

佐藤　大学の講義は私も外交官時代、必ずもつようにしていました。そうやって定期的に予定を入れると必然的にインプットの時間を確保するようになり、それに合わせたリズムもできますからね。

池上 そうなんですよ。講義という場も大切な要素です。アウトプットを意識することで、インプットの質が深まっていきますから。

佐藤 通勤以外の移動時間はいかがですか？　地方や海外に行くときなど、長距離の移動時間も活用されていると思うのですが。

池上 本を読むために、国内の移動は極力、飛行機よりも新幹線を使います。東京を起点に、西は広島、北は仙台、盛岡くらいまでは新幹線ですね。飛行機だとセキュリティチェックや乗り換えに時間をとられるので、本を読むなら新幹線がベストです。行きに1冊、帰りに1冊、途中で電車が止まることや早く読み終えたときのための予備に1冊、合計3冊はいつもカバンに入れて家を出ます。

佐藤 飛行機は、気圧の影響もバカにならないですよね。計算問題や語学の練習問題を解くとよくわかりますが、気圧が低くなると頭の働きがいっきに落ちます。

池上 国際線は完全にそうですね。ドバイまで片道11時間、「よし、たっぷり本が読めるぞ」とたくさん本を機内に持ち込んでも、読むのに異様に時間がかかる。あるいはすぐに眠くなってしまう。

飛行機は気圧の影響で思ったほど読書が捗らない

佐藤　明らかに脳に行く酸素の量が少なくなっているんでしょうね。

池上　結局、国際線では、時間がなくて見られなかった最新の映画を見て、食事して、睡眠不足を解消するのがいちばんというのが、最近ようやくわかったことです。

佐藤　移動中の時間の使い方は、ビジネスパーソンにもすぐに真似してもらえるコツですね。本を読むなら新幹線。ただ最近は、切羽詰まったとき以外、乗り物に乗っているときはだいたい寝るようにしています。新幹線での作業は倍疲れるようになってしまって。長距離移動があるときは、前後の日に少し無理をするようにして、新幹線では睡眠をとるようにしています。

池上　あの振動は心地いいですからね。私も新幹線でずっと読書をしているわけではなく、疲れたら途中で少し寝ます。10分も寝れば頭がすっきりしますから。

僕らの極意 60

「通勤時間は絶好の読書タイム」と考える。飛行機では思ったより本が読めない。新幹線が最適。

限られた時間だからこそ集中できる

隙間時間の使い方――「ネット断ち」で有効活用

佐藤　ビジネスパーソンの場合、移動時間に限らず、隙間時間をいかに活用できるかがインプット量を左右すると思うんですよ。

池上　たしかに、「限られた時間だからこそ集中できる」という側面もあります。

佐藤　池上さんはＮＨＫ時代、どんなふうに隙間時間を使っていましたか？

池上　パッと思いつくのは夜回りの待ち時間ですね。私は記者として警視庁捜査１課を担当していましたが、夜、捜査員の自宅にも話を聞きに行くんです。日中の警察署では聞けないような話を聞き出せることもありますから。ただ捜査員はあちこち駆け回っていますから、自宅に行っても帰っていないことが多い。そういう待ち時間にさっと読めるよう、経済書から法医学の専門書まで、たえず本を持ち歩いていました。

佐藤　そういうときは、外で本を読むんですか？

池上　はい。駅前などの明るい場所ならいいのですが、暗い場所では英会話の勉強をしていました。ＮＨＫの英会話のテキストをもって自動販売機のあるところへ行き、その明かりで例文を覚えては、元の暗い場所に戻ってぶつぶつと声に出して復唱するんです。これが英語力の向上に思いのほか役立ちました。

佐藤　読書の時間は「つくり出すものだ」という好例ですね。「いつか時間ができたら読もう」と思っていたら、いつまで経っても読めませんから。

池上　隙間時間、細切れ時間は、工夫と心がけ次第ですね。明日1日の行動パターンを思い描いて、「あそこで10分本を読めるから、文庫本を1冊持って行こう」「あそこで20分空き時間があるから、喫茶店で少し読もう」と考えれば、いくらでも読書時間に変えられるはずです。

佐藤　それには、やはり「1日これだけ本を読もう」と目標を決めておいたほうが実現しやすいですね。あとはしつこいようですが「ネット断ち」が重要です。隙間時間にスマホでネットやSNSを見ている人も多いので。同じ隙間時間でも、ネット断ちをすれば、かなり時間の使い方が変わるのではないでしょうか。

僕らの
極意
61
読書時間は「心がけ」と「ネット断ち」でつくり出す。「いつか時間ができたら本を読もう」では読めない。

電子書籍

電子書籍は2冊目として活用する

池上　最後に電子書籍についても話しておきましょう。

佐藤　いまのビジネスパーソンが基礎知識を身につけるための本は、まず紙で買って読むべきです。しかし余裕があれば、サブ的に電子書籍を使うとより効率的に知識を吸収できると思います。

池上　佐藤さんは**「まず紙の本で読んで、2冊目を電子書籍で携帯する」**ことをすすめていますね。同じ本を紙と電子書籍の両方でもつと。

佐藤　「同じ本を2冊買うなんてもったいない」と思う人もいるかもしれませんが、**この習慣を身につけると確実に知力が向上するはず**です。私自身、「また読みたい」と思ったもののうち電子書籍化されているものは、原則として電子書籍も購入するようにしています。それから、自分の本もデータで持ち歩いていますよ。うろ覚えの情報について、出先でもあいまいなことを言わずに済みますから。

池上　私も以前はキンドルを持ち歩いていたことがあり、自分の本を電子書籍で買って入れていました。「あの本ではどんな表現をしたかな？」というようなときに、パッと検索して確認できるのは便利だと思って。ただ近ごろはすっかり自宅に置きっぱなしにしていて、充電も切れたままの状態ですね……。

佐藤 アイフォンにキンドルのアプリを入れることもできますから、データは無駄にはなりませんよ。

池上 そうですね。キンドルを購入した当初はいろいろ面白がって入れてみたので、またチャレンジしてみます。

佐藤 電子書籍は「移動図書館」「携帯図書館」の役割を果たすので、ビジネスパーソンにもうまく使ってほしいですね。

池上 紙の本は物理的に何十冊も持ち歩くのは不可能ですが、電子書籍ならそれが可能です。携帯できる情報量が格段に違いますからね。

佐藤 ただし、こういう話をすると、無料だからと青空文庫をひたすらダウンロードする人がいますが、そういう人に限って、ダウンロードするだけで満足して、そのまま積ん読になりがちです。これは非常によくある間違った使い方で、読まない青空文庫で容量をいっぱいにするくらいなら、もたないほうがいいですよ。

池上 あくまでも「紙で読んだ本」を電子書籍として携帯するわけですね。

「紙で読んだ本」を電子書籍で携帯する

佐藤　そうです。どんなに記憶力がいい人でも、本で読んだ内容をすべて覚えておくのは不可能ですから。だから、「あの本のあそこに、ああいうことが書いてあった」というインデックスを頭の中につくっておき、必要に応じて電子書籍でたどれる体制をつくっておけばベストだと思います。

僕らの極意 62

本はまず紙で読み、携帯したい本を電子で買う。電子書籍は「移動図書館」「携帯図書館」になる。

電子書籍でしか読めないおすすめ本リスト
——タブレットではなく専用端末がおすすめ

池上　佐藤さんは、電子書籍はどんなものを入れていますか？

佐藤　海外の古典では**『カラマーゾフの兄弟』**は電子版でも購入し、いつも持ち歩いています。「大審問官」について正確に話せるようにするためです。**『資本論』**は

『カラマーゾフの兄弟』

英語版も入れていますし、講談社学術文庫に入っている**『「資本論」を読む』**の解説書も入れて、暇な時間を見つけて繰り返し読んでいます。こういうテキストは1回や2回読んだだけでは正確に理解できないので。

池上　**「紙で読んだ本」の中で、「繰り返し読む本」**や**「参照する必要がありそうな本」という条件**なわけですね。

佐藤　そうしています。ただし、**「電子書籍でしか読めない本」にもおすすめがあり、それは電子書籍で読むべき**です。たとえば、いまいちばんのおすすめは、個人的に泉鏡花の最高傑作だと思っている**『天守物語』**の現代語訳**『泉鏡花 現代語訳集3 天守物語』**で、これは電子書籍オリジナルです。それから**『月刊日本』**のバックナンバーに載っている、鳥飼玖美子《とりかいくみこ》さんの英語教育についてのインタビュー記事もとてもよかったです。

池上　なるほど、紙で絶版になった本や雑誌のバックナンバーでも、電子書籍では簡単に買えるものもありますね。

佐藤　ただし注意しておきたいこともあり、読書や日々の勉強が習慣になっていない人には、**スマホやタブレットよりも、キンドルなどの電子書籍専用端末を使うことをすすめます**。ネットのところで述べましたが、スマホやタブレットにはたえず

『「資本論」を読む』

『天守物語』

『泉鏡花 現代語訳集3 天守物語』

『月刊日本』

「ネットサーフィンの誘惑」と「SNSの誘惑」がありますから。電子書籍を読むつもりが、ついニュースサイトやSNSを見てしまったり、あるいは気になって仕事のメールをチェックしてしまう可能性が否めません。「ネット断ち」ができるツールのほうが、時間泥棒のリスクが少ないでしょう。

池上 私もうっかりネットサーフィンをしないように気をつけないといけませんね。

僕らの極意 63

タブレットはネットサーフィンとSNSの誘惑が強い。電子書籍は、専用端末で読むのがおすすめ。

【コラム❹】ミステリー・SF小説の読み方

おかしな情報に惑わされないために「ミステリー」を読む

佐藤　前からお尋ねしたかったんですが、池上さんは情報の真偽を判断するうえで、何か基準をお持ちですか？　国内外の情勢を分析して解説するという仕事では、正しい情報を正しく見極める力がなければ、生き残っていけませんよね。もちろん、ＮＨＫ時代からの経験や蓄積、基礎知識の土台があってこそだとは思いますが、何か特別な訓練法があるのでしょうか。

池上　**「だまされないための訓練」という意味なら、良質なミステリー小説を読むのがおすすめ**です。読んでいる間中、完全にだまされてしまうようなものがいいですね。

佐藤　「こいつが犯人だろう」と思わせておいて、最後の最後でどんでん返しをくらうような作品ですね？

池上　はい。質のいいミステリーにはきちんと伏線がありますから、あとから振り返ると「ここでだまされたのか」とちゃんとわかります。そうして何度もだまされ、「なぜ気がつかなかったんだ」という悔しい経験をしていると、実際に情報を見聞きするときにも、うさんくさい話に違和感をもてるようになり、違和感があるものからは距離をとるようになります。

『ダ・ヴィンチ・コード』

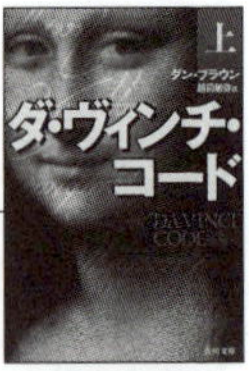

『寒い国から帰ってきたスパイ』

『ティンカー、テイラー、ソルジャー、スパイ』

佐藤　なるほど、小説で「疑似体験」や「代理経験」を積んでおくのは大切ですね。どんでん返しは本編でもお話ししたダン・ブラウンもうまいですよね。『ダ・ヴィンチ・コード』にしても、最新作の『インフェルノ』にしても、どんでん返しのどんでん返し。

池上　海外ミステリーなら、ジョン・ル・カレもいいですよ。ル・カレの重厚なミステリーはどれもいいですが、やはり『寒い国から帰ってきたスパイ』が最高傑作でしょうか。『ティンカー、テイラー、ソルジャー、スパイ』も素晴らしい。東西冷戦後を舞台にしてスパイ小説を書けたということに、「さすがだなあ」とうならされました。

松本清張がきっかけでミステリーファンに

佐藤　国内ミステリーだと、どんな作家がお好きですか。

池上　最近では横山秀夫さんが好きです。彼はもともと『上毛新聞』の記者で、無敵の敏腕特ダネ記者だったそうです。小説を読んでいても、警察と記者との心理的な駆け引きは本当にリアルです。

佐藤　ビジネスの場でも参考になるかもしれませんね。おすすめの作品は？

池上　とくに好きなのは、『半落ち』『陰の季節』ですね。ネタバレになるからあまり言えませんが、本当に警察の内部のことをよく知っている人だなと。２０１５年に文庫化されて話題になった『64（ロクヨン）』は、組織内の葛藤の描き方が見事ですね。佐藤さんは警察モノは読まれますか？

『64』

『陰の季節』

『半落ち』

『黒い手帖からのサイン』

『黒い手帖』

佐藤　警察ものといえば、松本清張ですね。

池上　**松本清張は、私をミステリー好きにした張本人**ですよ。新人記者時代、島根県警の担当になったころ、先輩の大変な特ダネ記者にアドバイスされたのが「清張を読め」でした。のちに東京の社会部に行って数々の成果をあげる本当に優秀な先輩でしたが、彼いわく、「清張の小説を読めば、いかに地方の役場で汚職が起き、結局、課長補佐が自殺して収束となるのか、その複雑な構造がすべてわかる」と。それで清張を読みはじめたら、どんどん推理小説が面白くなって、すっかりミステリーファンになってしまいました。

佐藤　とてもよくわかります。彼は**『黒い手帖』**という創作ノートを残していて、何から着想を得て、どうやって取材したかが記されています。その創作ノートに載っているネタが使われた作品をセレクトした**『黒い手帖からのサイン』**を出しました。ほかにも5人の選者がいて、それぞれ別のテーマで作品をセレクトしています。それで改めて読み直したのですが、おっしゃるとおり、**優れたミステリーは心理描写や社会の仕組みの勉強になります**。これは間違いない。

池上　ビジネスパーソンにしてみれば、**定評のあるミステリーを読むのは、楽しみながら、インテリジェンス感覚が身につく**ということだと思います。

佐藤　まったく同感です。

ＳＦ小説の活用法

『百億の昼と千億の夜』

『ソラリスの陽のもとに』

『S-Fマガジン』

佐藤　ミステリーファンになったのは社会人になってからで、子どものころは軍事雑誌を愛読していたとのことでしたが、小説はどうでしたか？

池上　**中学生のころはＳＦ小説に夢中**でした。『Ｓ-Ｆマガジン』を毎月とても楽しみにしていて、発売日の朝は学校に行く前に本屋さんに行って買っていました。アーサー・Ｃ・クラーク、フレドリック・ブラウン……。スタニスワフ・レムの『ソラリスの陽のもとに』や、光《みつ》瀬龍《せりゅう》の『百億の昼と千億の夜』などを夢中で読みました。

佐藤　没頭して読む池上少年の姿が目に浮かぶようです。

池上　一見、荒唐無稽な話なのですが、昔の作家はきちんと辻褄が合うように理屈を考えていましたよね。たとえば「宇宙へ行きたい、何万光年も離れたところにどうやって行くんだ」と考えて、「ワープ航法」といった発想が出てくる。そういうところで科学に興味をもって、自分でも調べるようになりました。

佐藤　ハヤカワから出ている海外の古典名作ＳＦなどは、当時の最先端の科学をきちんと考慮して構想されたものが少なくありません。一方、最近のＳＦは荒唐無稽が荒唐無稽のまま、説得力のないただの妄想が描かれている作品が増えている印象があり、その点は非常に心配です。これは、**日本人全体の理科系の能力が低下していることと無関係ではないはず**です。

第5章

僕らの教科書・学習参考書の使い方

基礎知識をいっきに強化する

教科書・学習参考書の大前提

まずは「知の型」「思考の型」を身につけるのが大切

池上　第4章では、書籍から「基礎知識」を身につける方法について話してきました。ただし、いくら書籍をたくさん読んでも、その分野の「基礎知識」がすっぽり抜け落ちていると、うまく知識が積み上がっていきません。

佐藤　その端的な例が、数学と英語でしょうね。たとえば書籍のところでも話しましたが、金融工学の本を読むと偏微分方程式がたくさん出てきて、ある程度の数学の知識がなければ、内容を正確には理解できません。中学レベルの英語に不安がある人が背伸びして洋書と格闘しても、まるで歯がたたないのと同じです。

池上　同じことは歴史についても言えますね。いま過激派組織「イスラム国」をはじめとするさまざまな問題が中東で発生していますが、そうした世界情勢を正確に理解するには、時代背景、つまり歴史の知識がどうしても必要になります。

佐藤　この本でも強調してきましたが、義務教育レベルの基礎知識に欠損があると、いくら新聞や雑誌、ネットニュースを見ても、その内容を「理解する」ことができません。本をたくさん読んでも、知識がきちんと積み上がっていかない。**すべての知識の土台となる基礎知識をいかに身につけるか、それがインプットの技法において、じつは最も重要なこと**なんですね。

池上 **しっかりした土台の上に積み重ねてこそ「情報」は「知識」となり、それを繰り返すことで「使える知識」「教養」になる。**誰かに質問されたときにきちんと答えられる、他人に説明できるレベルの「知識」に転化しなければ、ビジネスで役立つ武器にはなりませんから。

佐藤 スポーツでも芸術でも何でもそうですが、まず基本の「型」を身につけるのが重要で、学問や読書でもそれは同じです。**読書によって「知の型」を知り、「思考の型」を身につける。**もちろん実際の社会は複雑なので「型破り」の発想や解釈が求められることも多々ありますが、「型」を踏まえていない言説は、たんなる「デタラメ」にすぎません。

池上 「型を崩す」のは、あくまで「型」を身につけたあとに、はじめてできることですからね。基礎固めをしてこそ、それを発展させたり、クセ球や変化球を投げることもできます。

▼

インプットの技法で最も重要なのは、土台となる基礎知識を身につけること

すぐ役に立つことは、すぐ役に立たなくなる

ニュースの基礎知識は、中学校の公民の教科書で

佐藤　読者のみなさんは意外と思われるかもしれませんが、池上さんの考え方は、じつはかなり「型破り」だと思うんです。なのに安定感があるのは、まず基本的、標準的な見解をきちんと踏まえているから。基本の「型」があるから「型破り」ができて、専門家からの批判も受けないわけです。

池上　ありがとうございます。ただ前章でも述べましたが、基礎知識の土台を培うのに近道はありません。地道にコツコツ積み上げていくしかない。慶應義塾大学の中興の祖といわれ、今上天皇にご進講もした小泉信三は、学問に対して「すぐ役に立つことは、すぐ役に立たなくなる」という言葉を残しています。漢方薬のように、じわじわと効いてくるのが基礎知識であり、教養というものなのでしょう。

佐藤　ではビジネスパーソンにとって必要な知識の「型」はどういうものかというと、じつは中学生、高校生向けの教科書からそう乖離していないというのが、私の見解です。そもそも教科書というのは、次世代を担う若者が知っていなければならない知識や思考法が詰め込まれたものですから。

池上　同感です。政治や経済でいえば、ニュースを理解するための基礎知識は、中学生向けの「公民」の教科書にほとんど解説が載っています。もっというと、小学校高学年向けの教科書もかなり充実していますよ。

佐藤　私もまったく同意見で、その点に注目してつくったのが『小学校社会科の教科書で、政治の基礎知識をいっきに身につける』という本です。小学6年生の下巻の社会科の教科書、いわゆる「公民」の分野の内容をきちんと理解していれば、新聞等で報道されている政治のニュースの大半を理解できると私も思います。

池上　じつはＮＨＫの『週刊こどもニュース』を立ち上げるとき、小学5年生に理解してもらえる内容にするため、小学生向けの教科書をひととおり揃えて、何をどの学年で習っているか研究したんです。

佐藤　小学生だと1～2年の違いでも教科書の情報に大きな差がありますよね。

池上　そうですね。結論として、「時事ニュースを理解するために必要な基礎知識は、小学校の教科書におおむね揃っている」という見解に至りました。ただしそれでは足りない部分もあるので、やはりいちばんのおすすめは中学校の教科書です。

佐藤　ビジネスパーソンにぜひ手にとってほしいのは、「公民」と「歴史」、それから「国語」と「英語」の教科書です。もちろん「数学」や「理科」の知識も強化

『小学校社会科の教科書で、政治の基礎知識をいっきに身につける』

できれば理想的ですが、専門職でもない限り、そこまで時間を費やすことは難しい。優先順位を定め、自分に必要な部分を補強するようにしてほしいですね。

僕らの極意 64

読書で「知の型」「思考の型」を身につける。基礎知識を強化するには、小中学校の教科書が最適。

教科書を見比べてみる

佐藤 池上さんは帝国書院の中学校「公民」教科書の著者でもいらっしゃいますね。

池上 はい。おかげさまで最近、採択率が少し伸びました。私が担当したのは、先生方が書いた内容を通読し、わかりにくい部分を調整するという、いわば監修役です。「公民」の内容は観念的になりすぎて、わかりにくくなりがちですから。

佐藤 教科書は、書く側になると、さまざまなルールがあって自由裁量の余地が少ないのではありませんか？

池上　そうなんです。正直、「もっとわかりやすくできるんじゃないか」という気持ちはあります。でも、定められたルールの中で、ものすごく工夫されているのもまた事実です。政治・経済の基本書としては、ぜひ中学校の「公民」の教科書をすすめたいですね。

佐藤　教科書はどこで買ったらいいのかわからない人もいるでしょうが、大きな書店に行けば、学校の教科書も売っていて、誰でも買うことができます。

池上　近くに大型書店がなくても、全国の都道府県ごとに教科書販売所や供給所があり、そこで誰でも教科書が買えます。私もよく行きますが、教科書は眺めているだけでも楽しい。同じ科目でも違う出版社の教科書を見比べてみると、それぞれ特色があるんです。

佐藤　最近は各県の教科書供給所がインターネット販売に対応するようになってきています。近くにない人は、ネット通販を利用するのもおすすめです。

池上　中学生のとき、「『公民』の授業はつまらない、退屈だ」と思っていた人も多いでしょう。それは仕方がない。社会に出ていないとよくわからない話ばかりですから。でも大人になって、世の中を知るようになってから読むと、ぜんぜんイメージが違って、面白いはずです。

▼

政治・経済の基本書には中学校の「公民」の教科書がおすすめ

歴史

時間のないビジネスパーソンに「世界史A」「日本史A」はおすすめ

佐藤　では、具体的な教科ごとの話をしていきましょう。まずは現代を理解するうえでも必須の知識である「歴史」から。歴史に関しては、池上さんも私も「世界史A」「日本史A」で学び直すことを推奨しています。必要最小限にして最大公約数のところをきちんと押さえてあるので、時間のないビジネスパーソンに最適だからです。私は世界史の教科書を4年に一度は買い替えています。

池上　「世界史B」「日本史B」は難関大学の受験を視野に入れていますから、説明が細かく、難しくなりがちです。受験勉強でうんざりして歴史嫌いになった人も相当数いるのではないでしょうか。もったいないことです。

佐藤　「世界史B」「日本史B」の教科書は、情報量に対して、ページ数が不足しているんですよね。だから情報の羅列に終始してしまう。「進学校に通う高校生が、受験の際に効率よく得点を稼ぐ」という目的にはかなっているものの、読み物としての面白さには欠けがちです。それでは学びの楽しさにもつながらない。

池上　じつは私も高校時代、世界史が苦手だったんです。次々に登場する固有名詞を眺めては、「これをひたすら暗記するしかないのか」と絶望的な気分になったことも一度や二度ではありません。でも、ビジネスパーソンは受験生のように、細かい固有名詞まで丸暗記をする必要はありませんから。

佐藤　その点、商業・工業高校などで使われている「世界史A」は近現代史に比重が置かれ、歴史の流れと要点を押さえて解説してあるからわかりやすい。

池上　「日本史A」も、近代に焦点を当てた構成になっています。教養としては古代から学ぶのはいいでしょうが、現代の時事問題、ニュースを理解する意味では、近代からの流れを知っておけばまず大丈夫でしょう。歴史を勉強するなら、まずは「日本史A」「世界史A」で基本と大まかな流れを押さえたうえで、あとは自分の興味や必要な分野を深く掘り下げていく方法がいちばん効率的でしょうね。

僕らの
極意
65

歴史の学び直しには「日本史A」「世界史A」を活用。「基本」と「大まかな流れ」がいっきにわかり、効率的。

歴史を学ぶメリットのひとつは「短期間で通史が身につく」こと

佐藤　**歴史の勉強のいいところは、学生時代にサボってしまった人でも、比較的アプローチが容易なこと**です。数学や物理などの理系科目は、ある程度時間をかけて段階的に学んでいく必要があるため、高校や大学できちんと勉強した人との差を埋めるのが難しい。その点、歴史ならば、教科書や学習参考書を使ったり、あるいは後ほど述べるオンライン学習の**「スタディサプリ」**（289ページ）を活用すれば、比較的短期間で通史が身につきます。多くの人にとって、学びのテーブルにつくのが容易なんですね。

池上　それに、**歴史は現在につながっているので、いちから勉強し直すにしても、まったくの知識ゼロからスタートというわけではありません**からね。

佐藤　ビジネスパーソンはインプットの時間も限られていますが、今後世界を舞台に勝負していきたいエリート層なら、さらに腰をすえて歴史を学んでおいても損はありません。私は受験のときには研文書院の**『大学への世界史の要点』**を、外務省に入ってからは同じシリーズの**『大学への日本史』**を熟読しました。

『大学への世界史の要点』

『大学への日本史』

池上　**受験参考書の名著**ですね。長らく絶版でしたが、『大学への日本史』は、佐藤さんの企画・編集・解説で**『いっきに学び直す日本史 古代・中世・近世 教養編』『いっきに学び直す日本史 近代・現代 実用編』**の2冊に分けてリニューアル復刊されました。

佐藤　この参考書は、歴史上の重要な事件もかなり細かなところまで記述していながら、**ひとりの著者が書き上げているのでストーリー性が非常に高く、読み物としても非常に面白い**。ポリシーとしても、世界基準であるセンターレフトを保っているのでバランスがいい。これと山川出版社の**『日本史用語集』**があれば、世界のエリート層とコミュニケーションをとるときにも確実に通用します。

池上　たしかに、受験生のときは「何のために、こんなことを覚えるのか」と疑問に感じたことも、世の中の仕組みを勉強するにつれて「あの歴史があってこそ、現代があるのだ」とつながって理解できるようになります。学びは決して無駄にはなりません。

佐藤　そのとおりです。いま、『大学への世界史の要点』もリニューアル復刊の準備を進めているところです。ただし何しろ歴史はボリュームがあるので、安易に手を出して挫折するくらいなら、**まずは「世界史A」「日本史A」を熟読して、自分**

『いっきに学び直す日本史 古代・中世・近世 教養編』

『いっきに学び直す日本史 近代・現代 実用編』

『日本史用語集』

に必要なところを強化していくのがいいと思います。

池上　そうですね。新しいことを学びはじめるときは、ハードルは低いほうが続けやすいのも事実ですから。

僕らの
極意
66

歴史のメリットは、短期間で通史が身につくこと。数学や物理に比べて、学び直しがしやすい。

▼▼▼

歴史の学び方のコツ

池上　歴史を身近に感じるコツとしては、旅行で行ってみたいところや出張で行く場所のことを、観光ガイドのようなもので調べてみるのもいいと思います。

佐藤　土地や歴史そのものに興味をもつのがいいですね。現地に行けなくても、グーグルの衛星画像やストリートビューを見るだけでも楽しい。世界のかなりの範囲の町並みをカバーしていて、たとえば冬季オリンピックも開催されたことがあるロシア南部の保養地ソチでも、メインストリートも細かな路地もちゃんと見られます。それで視覚的な情報を仕入れることができると、その土地についてかなり具体的にイメージできるようになります。

池上　そういった現在の情報と並行して歴史を調べていくと、より幅のある知識になりますよね。「地球の迷い方」と揶揄されることもある『地球の歩き方』のシリーズも、基本的には観光情報ですが、町の成り立ちとか戦時中の話とか、その土地の歴史についての記述もあります。そのキーワードをもとに調べてみると、関連するエピソードや派生する歴史的事実が簡単にわかります。また、事件をモデルにした文学作品を読んでみるのも面白い。そうやっていくと、どんどん興味が広がっていきます。

佐藤　歴史の背景や文化を知ろうと思ったら、文学作品から得る情報はとても重要です。ただし、歴史小説はあくまでもフィクションなので、その点には注意してほしいですね。これは日本史の例ですが、経営者が愛読書としてよくあげる司馬遼太郎の『坂の上の雲』には、明石元《もと》二《じ》郎《ろう》陸軍大佐とレーニンが面識があったように書かれています。しかしその文献的な根拠は、明石本人が書いた『落花流水』しかなく、史実と勘違いして鵜呑みにすると大変危険です。歴史小説はあくまで「娯楽」

『落花流水』

『坂の上の雲』

『地球の歩き方』

として読むべきで、それで歴史を学ぶのは厳禁です。

池上　歴史的事実や専門知識に関しては、やはり裏をとらないといけませんね。その裏とりのために教科書や用語集を使えば、より正確な知識が身につきます。

僕らの
極意
67

歴史に興味をもつには『地球の歩き方』も便利。ただし、歴史小説で歴史を学ぶのは厳禁。

英語

英語習得には、中学教科書の例文丸暗記

佐藤　語学の勉強は、ビジネスパーソンには比較的、ポピュラーなものです。実際のビジネスシーンで使うものでもありますし。

池上　海外のニュースサイトを見るにしても、語学が堪能であることに越したこと

はありません。とはいえ、一般のビジネスパーソンがどこまで英語の勉強に時間を割けるかというと、なかなか難しいところもあるでしょう。

佐藤　語学に関しては、35歳を目安に割り切ったほうがいいと私は思っています。記憶力や体力の問題もありますが、優秀なビジネスパーソンなら、35歳にもなると責任をもつ立場になり、勉強の時間がとりづらくなります。35歳以上の人は、中学3年生ぐらいの必要最低限の英語力があるなら、それで十分だと思います。

池上　私は40歳前後のとき、集中して英語を学び直したんですよ。『週刊こどもニュース』に出演する前、首都圏のニュースキャスターをしていたころです。キャスターの仕事は規則正しいサイクルで、土日は完全に休めるようになり、その時間を使って勉強しようと思ったんです。NHKのラジオ講座や英語番組、語学学校などにも参加しましたが、いちばん下地になったのは、中学2～3年生向けの英語の教科書を買ってきて、例文を丸暗記したことでした。

佐藤　素晴らしい方法だと思います。どの語学にも、「読む」「書く」「聞く」「話す」の4つの要素があります。そのうち、「読む」「聞く」が受動的能力で、「書く」「話す」が能動的能力です。その言葉を日常的に使っていない環境では、「読む」「聞く」の受動的能力を基本に勉強するのが正しい方法だと私は確信しています。能動的能

▼
語学はまず「読む」「聞く」の受動的能力を基本に勉強する

力が受動的能力を超えることはありませんから。

池上　同時通訳者だった國弘正雄《くにひろまさお》さんも、「中学の教科書を声に出して読んで自分のものにするように」とおっしゃっていました。そうすると、文法をいちいち意識しなくても、構文の仕組みが感覚的にわかるようになる。そのうえで必要な単語を覚えていけば、そのまま英語が使えるようになります。少なくとも、**『フィナンシャル・タイムズ』**の英文記事は、それで十分に読めるようになります。

佐藤　単語も大事ですね。外国語習得の定石を述べた古典的名著に、千《ち》野《の》栄一の**『外国語上達法』**があります。その本の中でも、**外国語習得に必要なのは「お金と時間」で、勉強法の要諦は「語彙と文法」**だと指摘しています。

池上　母国語であっても、語彙数と教養には相関関係があると言われていますね。

佐藤　**語彙は「教養のあるなし」を如実に反映します**。おそらくＣＩＡ（米中央情報局）やＮＳＡ（米国家安全保障局）は、初対面の人の教養を語彙数で測っているはずです。英語でいうと「take」や「have」「do」といったいろいろな意味に使える動詞ばかり使う人は語彙数が少ない、すなわち教養のない人間とみなされます。

池上　シビアな話ですが、ビジネスシーンでも似たことはありそうですね。

『外国語上達法』

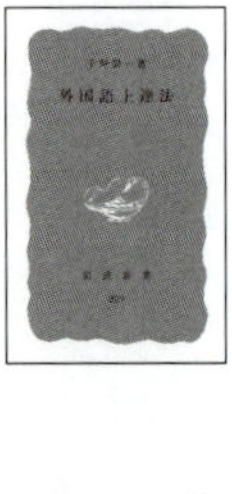

僕らの極意 68

語学は「読む」「書く」「聞く」「話す」のうち、まずは「読む」「聞く」から鍛えるのが王道。

おすすめの英単語教材

佐藤　英単語を学ぶにあたって最近非常にいいと思ったのは、駿台文庫から出ている『システム英単語』です。それから、桐原書店から出ている『総合英語Forest』の最新版もいいですね。

池上　日常的に必要十分な英単語が収録されているということですか？

佐藤　はい。私たちの世代で使われていた『試験にでる英単語』は比較的、高尚な文章に出てくる単語が多く、一般的な生活シーンでは使いづらいことも多かったじゃないですか。

池上　そうでしたよね。英語の学習といえば、私が学生のころに使っていたのは、単語教材ではありませんが、山崎貞の

『システム英単語』

『試験にでる英単語』

『総合英語Forest』

『新々英文解釈研究』です。そこに載っている例文を紙１０００枚にひたすらボールペンで書き写しました。「He is an oyster of a man.（彼は牡蠣のように寡黙な人だ）」という実社会ではまず使う機会がないような例文をいまでも覚えています。

佐藤　それが、いまの中堅の大学入試はむしろ時事英語に向かっていて、ビジネスパーソンでも意外とそのまま役に立ちます。時事ネタも入っているので、単語の勉強をしながら、時事的に何が問題になっているかもたいていわかります。学習参考書は教科書以上に競争の激しい世界ですから、かなり工夫しなければ生き残れません。最近の教材はわかりやすくできていて、しばしば感心します。

外国語習得に必要なのは「モチベーション」「時間」「お金」

池上　語学の学習を継続するには、具体的な目標をつくるのが手っ取り早いですね。私の場合は、ＴＯＥＩＣの点数を上げることでした。当時はいまほど盛んではありませんでしたが。

佐藤　外国語習得に必要なのは、突き詰めると「モチベーション」「時間」「お金」の３つで、「教養のための英語」というあいまいな目標だと絶対に身につきません。

『新々英文解釈研究』

池上　「時間」をかけるのは大事なことで、継続するには結果がすぐに出なくても焦らないことです。私の場合も、社会人になってから英語を学び直すのに、かなりの時間をかけました。そこでコツコツと蓄積したものが、いま海外取材や情報収集で大変に役立っています。

佐藤　**語学はギリシャ語でいう「テクネー」、すなわち頭で理解するだけでなく身体で技法を修得する必要のある知識なので、日常的な努力が重要**ですからね。

池上　3番目の「お金」では、佐藤さんはいまでも語学学校に通っているとか。

佐藤　授業料を払って勉強したほうが「お金を無駄にしたくない」という心理が働いて記憶力がよくなるので、いまでもロシア語とチェコ語の語学学校に通っています。

池上　毎月大量の締め切りを抱えながら定期的に語学学校に通うのは、大変なエネルギーがいるのでは？

佐藤　正直、かなり大変です。授業自体はチェコ語は週1回で1時間15分、ロシア語は月1回で2時間ですが、授業で恥をかかないよう4～5時間の予習が必要になるので。

池上　どんな授業を受けているんですか？

▼
「教養のための英語」ではなく具体的な目標をつくる

佐藤　チェコ語は日本人とチェコ人の教師から1週交替で授業を受けていて、日本人教師とはチェコ語の難解な哲学書を読み、チェコ人教師とはチェコ民話を暗唱したり、チェコのネット新聞に掲載された記事をもとに議論したりしています。

池上　そのうえロシア語もやっているとは驚きですね。

佐藤　**平均すると毎日2時間はロシア語に触れています。**

池上　私は佐藤さんのように時間を決めてやってはいませんが、**時々、NHKのラジオ英会話『実践ビジネス英語』は聞くようにしています。**以前は「やさしいビジネス英語」というタイトルでしたが、「ちっともやさしくない」という声もあり、少し前から**『入門ビジネス英語』**と**『実践ビジネス英語』**に分かれました。『実践ビジネス英語』は杉田敏《さとし》さんが担当で、リアルタイムのアメリカビジネス界の英会話がわかり、内容自体も勉強になるので、時間を見つけて聞いています。

『実践ビジネス英語』

僕らの
極意
69

語学に必要なのは「モチベーション」「時間」「お金」。「教養のための英語」では、絶対に身につかない。

国語

「擬古文」の参考書を2週間で読めば、戦前の資料も難なく読める

佐藤　先ほどは35歳を語学学習の分岐点と述べましたが、集中して時間をとれるなら、あるいは若いころに1つか2つ外国語をきちんとやっている人なら、40歳、50歳になってからほかの語学を学ぶのも苦ではないはずです。私も50歳を過ぎて、いま琉球語の勉強をしています。沖縄の問題はこれからさらに大変になってきます。琉球語を習って、古いものを原文で読み解けるようにならないと、非常に底の浅い評論しかできなくなってしまうので。

池上　**自分の必要に応じて勉強する内容を決めることが大切**ですよね。

佐藤　余力のある人には外国語だけでなく、**江戸時代の中期以降に使われた日本の擬古文（近代文語文）を学び直すのもおすすめ**です。一橋大学、早稲田大学文化構想学部、上智大学経済学部などでは、入試問題に擬古文が出るんです。最近、このような学校が増えてきました。

池上　そうでしたか。何か意図があるのでしょうか。

佐藤　入試問題は受験生に対する大学からのメッセージです。とくに難関大学は、「わが大学、学部に入るには、こうした問題が解ける力をつけてください。こうした問題が解けないと、うちでは通用しません」とアピールしているわけですね。

池上　なるほど。ほかの学校の入試に出ない近代文語文を出題するのは、そういう余分な受験勉強をしてでも自分のところに入りたい、そういう意欲のある学生に来てほしいというメッセージともとれますね。

佐藤　そうだと思います。それで興味をもって調べてみたところ、駿台から**『近代文語文問題演習』**という近代文語文の受験参考書が出ていて、これがなかなかよかったんです。擬古文の訓練をしておくと、戦前の資料も難なく読めるようになります。

池上　旧仮名、旧漢字が苦手な人は多いですからね。

佐藤　学生なんて、苦手どころか忌避反応を示します。でも、『近代文語文問題演習』ならさほどボリュームもなく、標準的な努力ができる人なら約2週間で消化できるはずです。それだけの努力で、江戸時代中期から明治にかけての資料もかなり読みこなせるようになる。最近の受験参考書には、やはり使い勝手がいいものが増えています。

『近代文語文問題演習』

▼ 擬古文の訓練をすると戦前の資料も難なく読める

すべての基礎「読解力」は現代文で鍛える

佐藤　「国語」についてもう少し補足しておきましょう。**すべての勉強の基礎になるのは、なんといっても読解力**です。どうも若手ビジネスパーソンの中には、日本語の読解が正確にできない人が少なからずいるようなのです。

池上　由々しき事態ですね。

佐藤　メールやインターネットの影響が強いと思うのですが、テキストから自分に都合のいい部分だけを拾ったり、理解できる部分と理解できない部分を仕分けせずに、なんとなくわかったつもりになってしまう。こういう読み方をしていると、テキストを通して、正確な知識を身につけることができません。

池上　**テキストが書かれた文脈を理解しながら、その著者の意図に則して読むことがまずは大切で、批判的な検討を加えるのは、その次の作業**です。感情や勘で読んでしまうと、まったく異なる意味に捉えてしまうこともあります。

佐藤　そうした問題を予防し、読解力を鍛えるためにぜひ活用してほしいのが、現代文の学習参考書です。私がよくすすめるのは**『出口汪　現代文講義の実況中継』**で、

『出口汪 現代文
講義の実況中継』

現代文を通して読解力と同時に論理的思考能力も鍛えられます。

池上　世の中を知り、理解するには知識が不可欠ですが、論理的思考能力がないと、情報や知識は十分あるのに分析を間違えたり、大事なテーマを見逃してしまったりしますからね。

佐藤　ネットの普及でこれだけ情報量が増えながら、日本の外務省が国際情勢の分析を間違えるのは、まさに論理的思考能力が弱くなっているからですよ。

池上　私は大学受験勉強のときにZ会の国語をやっていて、現代文なんて毎週、脳みそから汗が出るほど考えました。日本語の文章の読解力がついたと思えたのは、この高校3年生のときです。**国語の教科書も、よく読むと面白い**んですね。私は小中学生のとき、4月に教科書が配られると、国語なんてその日のうちに全部読んでしまいました。1年かけてやるのは時間の無駄だと思っていたくらいです。

僕らの
極意
70

現代文の教科書・学習参考書を使えば、読解力、論理的思考力をいっきに鍛えられる。

【コラム⑤】海外の教科書と「スタディサプリ」の使い方

なぜアメリカの教科書はわかりやすいのか？

池上　海外の教科書の話もしておきましょう。**アメリカの教科書はものすごくわかりやすく書かれています**。非常に分厚くて、何しろ説明が細かい。頭から順番に読んでいけば、学力レベルの低い生徒でも理解できるようになっています。教科書は基本的に学校のロッカーに置きっぱなしで、傷んでいなければ次の学年の子もそれを引き継いで使います。

佐藤　ロシアも同じように貸《たい》与《よ》制ですね。

池上　**アメリカの教科書がわかりやすいのは、「教師を信頼していない」ことの裏返し**とも言えます。教科書がわかりやすければ、どんな先生でも、先生が途中で変わっても、生徒たちが自習できますから。日本は先生が教えることを前提にしているから、教科書が薄いんですね。

佐藤　学校の先生の地位も、アメリカと日本ではかなり違いますからね。

池上　アメリカでは先生の社会的地位が低く、給料も1年間に10ヶ月分しか出ません。6月に生徒が卒業して、9月の新学期までは給料がないので、7月、8月はアルバイトをしないと食べていけない。

佐藤　その点では、ロシアはアメリカと違って、教師の社会的地位は高いんです。同じように教科書は分厚いですが、モスクワでもシベリアの奥地でも、教育指導要綱はきちんと決まっています。そして、毎日通知表があるんです。

池上　毎日ですか？

佐藤　毎日です。その日、どの程度まで理解しているかを5段階で絶対評価される。それで3未満が2回続いたら、保護者が呼び出されます。義務教育は11年制ですが、どうしてもついていけない生徒は、途中から日本でいう職業訓練校に移籍するシステムになっています。

池上　はっきりしていますね。

ロシア、中国の教科書の「恐ろしい」中身

佐藤　教科書の内容もすごいですよ。「プーチン大統領への大衆的支持は、何によって説明できますか」とか。

池上　すごい誘導尋問ですね。

佐藤　それから「社会的・政治的安定の達成は、過去2年間のもっとも重要な成功のひとつと認識されています。なぜ現代ロシア社会がそれほど強く安定を求めているのか、クラスで議論しましょう」とか、「安定は何によってもたらされますか。何のために安定が必要なのか、改革の成功のためなのか、あるいは改革から徐々に脱却するためなのか、考えましょう」とか。そのとき「改革か

ら徐々に脱却するための安定をプーチンが志向している」などと答える生徒はひとりもいません。

池上　それはそうですよね。

佐藤　**ロシアの子どもは6～7歳になると、「家の中でなら言っていいこと」と「外に出ても言っていいこと」の区別がつくようになる。**そして、こういう教科書で子どものころから社会でどう答えればいいのかをみっちり訓練されるんですね。

池上　そういえば以前、中国の歴史教科書を手に入れたら、天安門事件についてほんの数行しか記述がなくて驚きました。「社会の混乱は共産党の適切な指導によって収束した」くらいしか書いていない。ちょっとした暴動が起きたけど、ちゃんと抑えられたと。当たり前といえば当たり前ですが、本当の共産党史観ですね。

佐藤　ロシアだと、そういう模範解答を中学2年生くらいまでの段階でがっつりと教え込まれる。日本でいうと大学生レベルの教養です。それを若いうちに叩き込まれているから、ふつうに日本の外交官レベルが論戦しても勝てません。

池上　いろいろな教育の形がありますね……。

「スタディサプリ」で基礎知識を強化する

佐藤　**ビジネスパーソンが短期間に基礎知識を強化しようと思ったら、リクルートが2012年に「受験サプリ」としてスタートさせた「スタディサプリ」はすごくいい**ですよ。受験生向けのオンライン予備校ですが、ビジネスパーソンの「やり直し勉強法」としても最適です。

池上　どういうシステムになっているんですか？

佐藤　会員登録して月額980円＋税を払うと、高校講座・大学受験講座の全科目の講義がパソコンやスマホですべて見放題です。テキストも紙で買うと有料ですが、PDFをダウンロードして自分で印刷すれば無料です。授業もすべてオリジナルで、「画面越しの講義は眠くなる」と思うかもしれませんが、講師の教え方が抜群にうまくて飽きさせません。

池上　佐藤さんもされているそうですが、どのくらいの時間をかけていますか？

佐藤　多いときは1日2時間、短くても30分は見ています。

池上　2時間も見ているんですか。

佐藤　「知識の欠損部分を埋めないといけない」と読者に常々言っていますからね。やってみた実感として、論述問題がある国立大学の2次試験や慶應義塾大学の医学部など一部の学部を除き、早慶上智の文系まではこれで十分合格できると思いました。

池上　そこまでのレベルなんですか。ちなみにどの教科を？

佐藤　世界史はざっと復習するのにいいですね。あと、英語は文法がかなり使えます。前置詞や関係代名詞など、弱いところだけ集中して学べますから。数学はⅠA、ⅡB、Ⅲのスタンダードレベルとハイレベルを受講しましたが、これを使ってひととおり勉強すれば、現代数学の本も読めるようになります。

池上　英語や数学、歴史などを体系的にいちから学び直したいビジネスパーソンにはおすすめというわけですね。それにしても便利なシステムですね。

佐藤　これはリクルートの戦略だと思います。このサービスを独学でこなせる高校生は、相当レベルが高く、将来的にキャリア面でも収入面でも社会の半分より上位層に入る可能性が高いでしょう。そういう大いなる可能性を秘めた人たちと15〜18歳のときからご縁をつけてしまえば、就職、転職、結婚などその後の数十年間の有益な個人情報をずっともつことになるんですよね。

池上　そう考えると、すごい戦略ですね。私が60歳を過ぎて登録しても、リクルートには何のメリットもないですが。

佐藤　でも、使うのは自由ですからね。何しろランチ1〜2回程度の金額で全科目見放題なので、サポートとして使うのにかなり重宝しています。

特別付録1

「人から情報を得る」7つの極意

池上　この本では「新聞」「雑誌」「ネット」「書籍」「教科書・学習参考書」を通して知識と教養をいっきに身につける技法を解説してきました。最後に、「人からどう情報を引き出すのか」という「人からのインプットの技法」についても少し話しておきましょう。

佐藤　「活字を通したインプットの技法」については十分に話しましたが、「人からの情報」も大切なのは言うまでもないですからね。

池上　佐藤さんは現役の外交官時代、人から得る情報はほかの文字情報と比べて1割程度というお話でしたね。でもその分、情報の濃さ、重要性は高かったと。

佐藤　人から情報を得ることは、インテリジェンスの王道ですからね。ただ、「対人の技法」はそれだけで1冊になるほど奥が深いので、詳しくはまた別の機会にして、ここではポイントだけ7つに整理して解説しましょう。

僕らの極意1 「斜めの人間関係」を重視する

池上　いまも記者の世界は大差ないかもしれませんが、私がＮＨＫに入局した当時は、まだある種の徒弟制度的な雰囲気で、先輩はほとんど何も教えてくれませんでした。記者はネタをとってきてナンボで、新人の部下に特ダネを出し抜かれたら自分の立場がなくなる。要は先輩だろうが後輩だろうがライバルなので、どうやってネタをとってくるのか、その技法は見て盗むしかありませんでした。

佐藤　官僚の世界も同じです。建前上はチームプレーを強調しますが、実際は個人プレーですからね。一般企業でも表立って口にはしないだけで、いまは確実にそうなってきています。

池上　まったくそのとおりですね。それでどうしたかというと、私の場合は、競合のほかの新聞社の先輩方にお世話になりました。現場で他社の新人記者がウロウロして困っているのを見ると、みんな昔の自分を思い出すわけです。

佐藤　どの記者も新人時代、先輩が教えてくれずに困った経験をしてきたのでしょうね。

池上　そうなんです。だから私は、島根県警を担当していた当時、読売新聞と中国新聞の先輩記者に、いろいろ取材のコツを教えてもらいました。「そういうものか」と思い、その後、自分も他社の若い記者にはずいぶんいろいろ教えたものです。

佐藤　新人のうちは一緒に食事に行くとか、そういう機会も逃さないことですね。

池上　いつも初々しく振る舞いながら、素直に「わからないことがあるので、教えてください」とついていく。自分に利害がない相手なら、「よしよし」と教えてくれますよ。

佐藤　優秀な人ほど教えますね。中途半端に情報を出し渋っていたら、その人のところにも結局、情報は入ってこなくなるので。

池上　ただ、直属の関係だと、難しいかもしれません。情報をくれるのは「斜めの人間関係」です。会社組織でいえば、自分の所属とは別の部署の先輩、とりあえず競合には当たらない先輩を狙うのがコツですね。

僕らの極意2　「初々しさ」を出して「いい聞き手」になる

佐藤　いま池上さんは「初々しく」とおっしゃいましたが、情報収集において「初々しさ」というのは非常に重要な要素です。私は外交官時代、ロシア政府から発表されたばかりの非公開文書がほしいときには、常に3人ぐらいに同時に電話していました。それで運良く、そのうちの1人から情報を入手できたとします。その後、2番目、3番目の人から連絡が来たとき、どうするか。

池上　どうするんですか？

佐藤　1人目と同じく、「ありがとうございます、すぐに取りに伺います」と飛んで行きます。ここで、もし「その情報はすでに手に入ったので結構です」とか「後ほど伺います」などと答えたら、二度と情報は教えてくれません。

池上　**どんな相手と話すときでも、情報を引き出そうと思ったら「はじめて聞きました」という初々しさが大事**ですよね。

佐藤　そういうことです。それから池上さんを見ていると、インタビューする相手の話を聞くのがとても上手ですね。何か意識していることはありますか？

池上　ありがとうございます。**いつも「いい聞き手」になるように努力しています**。「あれはどうなったんですか？」「これはどうなんですか？」と何でも興味をもって聞き、教えてくれたら「そうなんですか！　さすがですね」と心底、感心する。そうすると、相手は気持ちよくなって、もっといろいろ話してくれます。**よき生徒は、誰にとってもかわいいもの**ですから。

佐藤　それはそうですよね。

池上　「こいつはなかなかやる気があっていいやつだから、なんとか面倒を見てやろう」と味方になってくれる可能性も高い。人から情報や知識を得ようと思えば、「誰と付き合うか」だけでなく「どう付き合うか」も大事な技法ですからね。

【僕らの極意3】数年上の先輩に「白い勉強」と「黒い勉強」を教えてもらう

佐藤　【極意1】で述べた「斜めの人間関係」が大切なのは、トラブル処理に関しても言えます。何かトラブルが発生したとき、一般論としてはすぐに直属の上司に報告するべきです。ただし、トラブルの種類によっては、上司に報告してはいけないものもある。

池上　あるでしょうね。すべて正直に話せばいいというものでもありませんから。

佐藤　たとえば、オランダに出張に行ったとして、ちょっと出来心でハシシ（大麻）をやってしまったとしましょう。向こうでは合法ですから。それで調子に乗ってヘロヘロになっているときに、所持金を全部すられてしまい、そこには会社の出張費も入っていたとします。そのとき上司に「どうしましょう？」とバカ正直にすべて報告したら、上司も困るわけです。

かばいたくても、かばい切れませんから。

池上　聞いてしまったら、なかったことにはできませんからね。もしかばって隠していたことが露見した場合、その上司の責任問題にも発展してしまう。

佐藤　そんなとき上司より先に相談できる相手、具体的には数年上の先輩がいるかどうかがポイントです。「ハシシなんて正直に言うんじゃない。酔って寝ていたことにしろ」とアドバイスしてくれる先輩がいるかどうか。そういう「黒い勉強」を教えてくれるのもいい先輩です。ビジネスパーソンは真面目に「白い勉強」だけやっていればいいわけではありませんから。

池上　「黒い勉強」というのは言い得て妙ですね。トラブル処理に限らず、数年先に入社した先輩から学ぶことは本当にたくさんあります。まだ新人の感覚を忘れていないから、つまずくポイントがわかるのでアドバイスが実践的なんですね。

佐藤　もちろん「白い勉強」についても、いろいろ教わることは多いはずです。仕事に必要なメモのとり方や社内外の人との接し方、外交官だったら語学の勉強の仕方、電報の書き方など、参考になることは多々あるはずです。

僕らの極意4 人の話を聞くときは「緩やかな演繹法」でのぞむ

佐藤　池上さんは記者としてもフリージャーナリストとしても、さまざまな方に取材されていますよね。当然、入念な下調べはするのでしょうが、そのあたりの「人から話を聞く極意」を聞かせていただけますか。

池上　取材に行く前には、当然いろいろ下調べをして、「この場所でこの人と会うなら、こういう話を聞けるだろうな」というストーリーは事前にざっくりと描いてから行きます。しかし、そこで大切なのは、**「自分で事前につくったストーリーに縛られないこと」**です。実際に取材に行けば、予想外の新しい発見が必ずあるものなので。

佐藤　そもそも、新しい情報を求めて取材に行くわけですからね。

池上　はい。とはいえ、**予想外の展開を活かせるかどうかは、その人次第**という側面もあります。なかには、いくら面白い意外な話が出てきても、最初のストーリーを崩したがらない人もいます。その一方で、最初のストーリーに固執せず、臨機応変に新しいストーリーを描いていける人もいます。

佐藤　有能な人は、そういう判断が早いんでしょうね。

池上　これはビジネスパーソンにも同じことが言えると思うんです。市場リサーチにしても聞き取り調査にしても、きっちり下調べをしたうえで、いかにそれを崩せるか。私はこれをよく「緩やかな演繹法」と呼んでいます。

佐藤　あらかじめ考えた仮説に従って内容をまとめるのが「演繹法」ですが、「緩やかな演繹法」というのはいい表現ですね。

池上　調査した内容をもとにストーリーを組み立てる「帰納法」のように、現場主義的なやり方がいいわけではありません。何かしらの問題意識があって行くわけなので、事前に仮説は立てなくてはいけない。時間も無限ではありませんから。

佐藤　しかし、無理に仮説に当てはめる本当の演繹法になったらつまらない、と。

池上　そうです。仮説を立てる演繹法でスタートして、調査の結果によってそれを修正する帰納法で展開していくイメージですね。途中で話があらぬ方向へ行ったとしても、焦らずに、むしろ「自分がこの現場に来たからこそ、聞き出せた話だ」と喜ぶくらいがちょうどいいと思います。

僕らの極意5 複数の「しゃべる人」の断片情報をつなぎ合わせる

佐藤　人から情報を聞き出すうえで重要なのは、**「その人が情報をもっているかどうか」**、そして**「話してくれる人かどうか」**の2点です。「情報をもっていない人」にいくら当たっても意味がありませんし、「話してくれない人」をいくら攻めても効果が乏しい。情報を得る側としては、**まず「情報をもっていて」かつ「話してくれそうな人」を見つけること**です。

池上　そして、その人が話しやすいタイミングを狙っていくのもポイントです。そのとき、**自分が知りたい内容を、少しずつ複数の相手から聞き出し、断片的な情報をつなぎ合わせる手法も覚えておくといい**と思います。ひとりからすべてを聞き出そうとすると無理や偏りが出やすいし、誰だって自分に都合の悪いことは話してくれませんから。そこで多方面から情報を一つひとつ聞き出し、その断片情報をつなぎ合わせていく。

佐藤　情報源が少なすぎると、情報が間違っている場合に気づきにくいという問題もありますからね。複数の人から話を聞き出すときのコツは、人間は**「自分の組織の話はしなくてもほかの組織の話はする」**という鉄則を忘れないことです。

池上　おっしゃるとおりですね。NHKの呉通信部の記者時代、瀬戸内海の島の警察署の交換手に毎日、事件や事故がないか電話をしていました。すると、自分の管内の話はしてくれないのですが、時々、「隣の管内の警察無線がうるさいわよ」なんて教えてくれました。たとえば警視庁でいうと、捜査1課の1係は庶務で、2係は隠密捜査、3係から9係までが殺人事件担当です。ここで4係が扱う事件を4係に取材しても、なかなかネタはとれません。でも5係の刑事に尋ねると、「そういえば最近、係長がどこそこに呼ばれているらしいな」と噂話をしてくれる。その人は別に、ネタを漏らしている意識はないんです。でも、そこで「ははーん」と予測が立つわけです。

佐藤　面白いですね。私も親しい記者に教えてもらったんですが、**「捜査1課、2課の情報は3課からとるんだ」**と。大きく分けて1課は殺人などの凶悪犯罪、2課は企業犯罪、3課は窃盗が担当です。よく大きな事件を扱う1課、2課は普段から記者も接待モードですが、3課はそうじゃない。だけど、応援で1課や2課には頻繁に行くので、情報はもっているんだと。

池上　さすが、よくご存じですね。私は主に捜査1課担当でしたが、実際は1課・3課両方の担当でした。だから、1課の事件が少ないときや膠着状態のときは、3課にも夜回りに行くんです。

佐藤　夜回りも大切ですからね。

池上　これもビジネスで応用できると思います。社内でも取引先でも、自分のプロジェクトについては言わなくても、隣のプロジェクトについては比較的、気軽にしゃべってくれるものですから。

僕らの極意6　セミナー、講演会、異業種交流会を上手に活用する

池上　セミナーや講演会、異業種交流会の活用法についても話しておきましょう。

佐藤　最近よく考えるんですが、書籍ばかり読んでいる人には、勉強会や読書会、セミナーや会食に参加することをもっとすすめたい。その一方で、異業種交流会やセミナーの渡り鳥みたいになっている人には、もっと本を読んでほしい。このバランスがとれている人は、残念ながらあまりいないと思うんです。

池上　セミナーや講演会は、情報収集の効率としてはあまりよくないのは事実です。書籍の章（218ページ）でも話しましたが、90分の講演会を聞いても、情報量としては書籍1冊の何分の一ですから。ただし、高い受講料を払って志を同じくする人が集まるので、意欲は高

まります。実際に講師に会ってみることでわかることも、もちろんありますから。

佐藤　いまひとつ面白くなかった場合でも、反面教師として参考になりますしね。

池上　当たり前のことですが、**「書籍から得られる情報」と「人から得られる情報」のどちらも重要なので、一方に偏りすぎないこと**です。最近は新聞記者でも、記者クラブにこもってネットだけで情報収集している人が増えています。新人時代は取材先の人脈を増やすことが何より大事です。新鮮な面白いネタは、自分の足を使わなければ手に入りませんから。

佐藤　外交官の業界には**「カクテルサーキット」**という言葉があります。カクテルパーティーに参加して名刺を集めて、とにかく顔を売り込むことです。そういう場所でいい情報が得られる可能性は実際にはほとんどありませんが、それでも人脈というのは、とくに若いうちはあるに越したことはないわけです。

池上　**人脈には「種をまく時期」と「収穫期」の2段階があります**よね。若いうちは、とにかくいろいろな場所に顔を出して「種」をまき、ある程度、人脈が広がったら、今度はそんな効率が悪いことは続けずに「収穫期」に入ります。たとえば、自動車のセールスマンで全国1位になるような人は、一定の年齢になると自分から積極的な新規開拓はしません。もちろん、新人のころは必死にあちこちに飛び込み営業をして、まったく相手にされないことも多い。でも、買ってくれた人のアフターフォローをずっと続けて信頼を得ると、車検も任せてもらえて、別のお客さんも紹介してくれるようになります。

佐藤　あらゆる業種に共通することですね。

池上　目安としては、とにかく20代のうちはひたすら人脈を広げ、30代半ばからは収穫期に入れるようにしたいですね。

佐藤　そこで収穫期に入れない人は別のスタイルを見つけることです。冷たいことを言うようですが、組織で上位に上がっていけるのはせいぜい2割ですからね。

僕らの極意7 飲み会で仕入れた情報は、翌日「知らないふり」をする

池上　最後に、酒席での注意点についても触れておきましょう。いまの若い人は苦手かもしれませんが、新人時代は少し我慢してでも、時には上司や先輩と一緒に飲みに行くといいですよ。自分は酒を飲まなくてもいいから。

佐藤　やはり人間関係を円滑にするうえで最低限のコミュニケーションは必要ですからね。たとえば、歓送迎会や仕事の打ち上げなどの「大事な飲み会」にはきちんと参加して、それ以外の「普段の飲み会」には参加しないなどとスタイルを決めてしまうとラクです。

池上　どうしても付き合いが必要な場合は、一次会には参加しても二次会には付き合わないという方法もあります。

佐藤　時間は有限で、目的もなく誰かと話すより、本を1冊読んだほうがいいことも多いですからね。先ほどのセミナーや講演会と同じで、いつも読書ばかりしている人にはもう少し飲み会に参加することをすすめたいし、連日飲み歩いているような人には読書をする時間をしっかりつくってほしい。どちらか一方に偏りすぎるのはよくない、ということです。

池上　職場の飲み会では、上司や先輩の武勇伝や過去の自慢話にうんざりすることもありますが、それを通してそのころの時代の動きもわかるし、ベテランならではの裏ワザや、何かが起きたときに社内外でどう対処すればいいかなど、学ぶことがじつはたくさんあります。

佐藤　「時間が経ったいまだからこそ話せる」ということもありますしね。

池上　もし何度も同じ話を聞かされるようになれば、その人と飲みに行く回数を減らせばいいんです。ただし、そんなときでも「その話は何度も聞きました」なんてバカ正直に言ったりせず、あくまでかわいい部下として距離を置くことです。

佐藤　「初々しさ」がここでも大事になるわけですね。飲んだときの話が重要なのは、酒を飲むと誰でも口が軽くなるからです。私はよく言うんですが、「自分にとって不都合な情報の99・9％は、じつは自分自身の口から出ている」。人間は秘密を暴露したい動物なんですね。

別に話さなくてもいいはずなのに、それでも話してしまう。よくオフレコ情報で「ここだけの話だけど……」などというのは、事実上は「私が話したことがわからなければ、使ってもいいよ」ということですからね。

池上　厳密なオフレコではない、ということですね。つまり、**飲み会は「他人の貴重な情報」を聞き出す絶好の場であると同時に、「自分の不都合な情報」をつい漏らしてしまいかねない場でもある**。諸刃の剣ですね。

佐藤　そう思います。「酒の席で得た情報」で大切なのは、**「飲み会の翌日、本人に確認してはダメ」**ということです。警戒心を抱かれてガードが固くなり、次の飲み会に呼ばれなくなります。素知らぬふりでいつもどおりに接しつつ、ほかの人から裏付けをとるのがコツです。

池上　「あいつは無粋なやつだ、用心しなくては」と思われると、入ってくる情報も入ってこなくなりますからね。

佐藤　あとは、仮に相手が酩酊して醜態をさらしても、決して非難しないことです。もし相手に何か聞かれても、「いや、問題なかったよ。愉快な酒だった」と答えるのです。

池上　**相手の脇の甘さや口の軽さを指摘すると、結局、情報を聞き出せなくなり、自分が損をします**からね。

佐藤　おっしゃるとおりです。ただ、情報収集うんぬんを抜きにしても、**食事を共にする行**

為は信頼関係を深める重要な時間です。書籍やネットの情報ばかりに偏って人と会わないと、精神的なバランスがとれなくなってしまいます。ほどほどの息抜きは必要ですから。だからといって、食事をする相手は誰でもいいというわけではない。それに、つるみたがる人たちは往々にして、先へ行こうとする人の足を引っ張ることもありますからね。

特別付録2

「新聞」「雑誌」「ネット」「書籍」「映画・ドラマ」リスト

新聞

＊ジャンルごとに再整理して掲載しています

【全国紙】
『朝日新聞』
『毎日新聞』
『読売新聞』
『産経新聞』
『日本経済新聞』

【地方紙】
『東京新聞』
『中国新聞』
『信濃毎日新聞』
『琉球新報』
『沖縄タイムス』
『北海道新聞』
『中日新聞』
『西日本新聞』
『南日本新聞』
『上毛新聞』

【その他】
『朝日小学生新聞』
『毎日小学生新聞』
『聖教新聞』
『しんぶん赤旗』
『世界日報』
『GLOBE』（『朝日新聞』日曜版別刷）
『中国新聞SELECT』
『夕刊フジ』
『日刊ゲンダイ』
『ねこ新聞』

【海外紙】
『ウォール・ストリート・ジャーナル日本版』（アメリカ）
『ニューヨーク・タイムズ』（アメリカ）

『フィナンシャル・タイムズ』（イギリス）
『イズベスチヤ』（ロシア）
『クラースナヤ・ズベズダー』（ロシア）
『プラウダ』（ロシア）
『ニューヨーク・タイムズ・マガジン』（アメリカ、『ニューヨーク・タイムズ』日曜版別刷）
『ベルト』（ドイツ）
『人民日報』（中国）
『朝鮮日報』（韓国）
『中央日報』（韓国）

雑誌

＊ジャンルごとに再整理して掲載しています

【総合週刊誌】

『週刊文春』（文藝春秋）
『週刊新潮』（新潮社）
『週刊現代』（講談社）
『週刊ポスト』（小学館）
『週刊大衆』（双葉社）
『週刊アサヒ芸能』（徳間書店）
『週刊プレイボーイ』（集英社）
『週刊金曜日』（金曜日）
『週刊朝日』（朝日新聞出版）
『AERA』（朝日新聞出版）
『サンデー毎日』（毎日新聞出版）
『FRIDAY』（講談社）
『FLASH』（光文社）
『女性セブン』（小学館）
『女性自身』（光文社）
『週刊女性』（主婦と生活社）
『週刊SPA!』（扶桑社）

【経済誌・ビジネス誌】

『週刊東洋経済』（東洋経済新報社）
『週刊ダイヤモンド』（ダイヤモンド社）
『週刊エコノミスト』（毎日新聞出版）
『日経ビジネス』（日経BP社）
『プレジデント』（プレジデント社）
『Wedge』（ウェッジ）
『経済セミナー』（日本評論社）
『BIG tomorrow』（青春出版社）

【総合月刊誌・オピニオン誌】

『文藝春秋』（文藝春秋）
『選択』（選択出版）
『FACTA』（ファクタ出版）

『世界』（岩波書店）
『中央公論』（中央公論新社）
『月刊現代』（講談社、現在は休刊）
『新潮45』（新潮社）
『SAPIO』（小学館）
『月刊日本』（K&Kプレス）
『社会主義』（社会主義協会）
『情況』（情況出版）
『創』（創出版）
『月刊Hanada』（飛鳥新社）
『WiLL』（ワック）
『潮』（潮出版社）
『第三文明』（第三文明社）
『福音と世界』（新教出版社）

【国際情報誌】

『ニューズウィーク日本版』（CCCメディアハウス）
『フォーリン・アフェアーズ・リポート』（フォーリン・アフェアーズ・ジャパン）
『みるとす』（ミルトス）

【趣味・専門誌】

『趣味の文具箱』（枻出版社）
『週刊プロレス』（ベースボール・マガジン社）
『ねこのきもち』（ベネッセコーポレーション）
『猫びより』（辰巳出版）
『小説新潮』（新潮社）
『小説宝石』（光文社）
『CQ ham radio』（CQ出版社）
『軍事研究』（ジャパン・ミリタリー・レビュー）
『丸』（潮書房光人社）
『少年倶楽部』（大日本雄弁会講談社［現・講談社］、現在は休刊）
『DIME』（小学館）
『Pen』（CCCメディアハウス）
『CREA』（文藝春秋）
『CREA Traveller』（文藝春秋）
『クロワッサン』（マガジンハウス）
『考える人』（新潮社）
『SFマガジン』（早川書房）
『Newton（ニュートン）』（ニュートンプレス）
『ナショナルジオグラフィック日本版』（日経ナショナル ジオグラフィック）

【ウェブ雑誌】

『フォーサイト』（新潮社、紙の雑誌は休刊）
『クーリエ・ジャポン』（講談社、紙の雑誌は休刊）

【海外誌】

『タイム』（アメリカ）

『ニューズウィーク』（アメリカ）
『フォーリン・アフェアーズ』（アメリカ）
『クーリエ・アンテルナショナル』（フランス）
『エコノミスト』（イギリス）
『イスラエル・ディフェンス』（イスラエル）
『ニュータイムズ（ノーボエ・ブレーミャ）』（ロシア）
『極東の諸問題』（ロシア）
『哲学の諸問題』（ロシア）

ネット

＊ジャンルごとに再整理して掲載しています

【ニュースサイト】

ＮＨＫオンライン　http://www.nhk.or.jp/
ヤフーニュース　http://www.yahoo.co.jp/
@ニフティ　http://www.nifty.com/
47ＮＥＷＳ　http://www.47news.jp/
東洋経済オンライン　http://toyokeizai.net/
日経ビジネスオンライン　http://business.nikkeibp.co.jp/
ハフィントンポスト　http://www.huffingtonpost.jp/
ニューズウィーク日本版　http://www.newsweekjapan.jp/
琉球新報　http://ryukyushimpo.jp/
沖縄タイムス＋プラス　http://www.okinawatimes.co.jp/

【国内の公式サイト】
外務省　http://www.mofa.go.jp/mofaj/
文部科学省　http://www.mext.go.jp/
国立教育政策研究所　http://www.nier.go.jp/
日本銀行　http://www.boj.or.jp/
首相官邸　http://www.kantei.go.jp/
財務省（会見記録）　http://www.mof.go.jp/public_relations/
国会の会議録　http://kokkai.ndl.go.jp/
SOKAnet（創価学会公式サイト）　http://www.sokanet.jp/

【調べ物・オンライン学習】
ジャパンナレッジ　http://japanknowledge.com/
スタディサプリ　https://studysapuri.jp/

【海外の公式&メディアサイト】
ロシア大統領府（公式サイト）　http://kremlin.ru/
ロシア外務省（公式サイト）　http://www.mid.ru/
イズベスチヤ（ロシア）　http://izvestia.ru/
ハーレツ（イスラエル）　http://www.haaretz.com/
ヤンデックス（ロシア）　https://www.yandex.ru/
イタル・タス通信社（ロシア）　http://tass.ru/

eTVnet.com（カナダ）　http://etvnet.com/

【英語で読む海外メディアサイト】

フィナンシャル・タイムズ（イギリス）　https://www.ft.com/
ニューヨーク・タイムズ（アメリカ）　http://www.nytimes.com/
ＢＢＣ（イギリス）　http://www.bbc.com/
Words in the News（ＢＢＣ「LEARNING ENGLISH」内、イギリス）　http://www.bbc.co.uk/learningenglish/english/features/witn/

【日本語で読める海外メディアサイト】

CNNj（アメリカ）　http://www.jctv.co.jp/cnnj/
ウォール・ストリート・ジャーナル日本版（アメリカ）　http://jp.wsj.com/
フォーリン・アフェアーズ・リポート「Subscribers' Only」（アメリカ）　https://www.foreignaffairsj.co.jp/
人民網（中国）　http://j.people.com.cn/
朝鮮日報（韓国）　http://www.chosunonline.com/
中央日報（韓国）　http://japanese.joins.com/
ネナラ（北朝鮮）　http://www.naenara.com.kp/ja/
ParsToday（イラン）　http://parstoday.com/ja/

【ウィキペディア】

英語版　https://en.wikipedia.org/
ロシア語版　https://ru.wikipedia.org/

ドイツ語版　https://de.wikipedia.org/
チェコ語版　https://cs.wikipedia.org/
朝鮮語版　https://ko.wikipedia.org/
日本語版　https://ja.wikipedia.org/

【情報管理】

エバーノート　https://evernote.com/intl/jp/
ドロップボックス　https://www.dropbox.com/ja/

書籍

＊本書の登場順に掲載しています

【第2章】

田河水泡『のらくろ漫画全集』シリーズ（全10巻・復刻版）講談社、1969年
田河水泡『のらくろ放浪記』（カラー復刻版）復刊ドットコム、2012年
田河水泡『のらくろ捕物帳』（カラー復刻版）復刊ドットコム、2012年
田河水泡『のらくろ喫茶店』（カラー復刻版）復刊ドットコム、2012年
戸部良一／寺本義也／鎌田伸一／杉之尾孝生／村井友秀／野中郁次郎『失敗の本質』中公文庫、1991年
菊澤研宗『組織の不条理』ダイヤモンド社、2000年

【第3章】

『日本大百科全書（ニッポニカ）改訂版』小学館、1994年
『改訂新版 世界大百科事典』平凡社、2007年
佐藤優『創価学会と平和主義』朝日新書、2014年
さいとう・たかを『ゴルゴ13』リイド社（SPコミックス）、1973年〜

【第4章】

ハーマン・メルヴィル『白鯨』上下巻（田中西二郎・訳）新潮文庫、1952年
ダン・ブラウン『インフェルノ』全3巻（越前敏弥・訳）角川文庫、2016年
ダンテ『神曲』地獄篇・煉獄篇・天国篇（平川祐弘・訳）河出文庫、2008〜2009年
夏目漱石『坊っちゃん』新潮文庫、1950年
夏目漱石『こころ』新潮文庫、1952年
『人類の知的遺産』シリーズ（全80巻）講談社、1978〜1986年（一部を除き現在は講談社学術文庫に所収）
『世界の名著』シリーズ（全66巻＋続・全15巻）中央公論社、1966〜1976年
『日本の名著』シリーズ（全50巻）中央公論社、1969〜1982年
『日本の文学』シリーズ（全80巻）中央公論社、1964〜1971年
カール・マルクス『資本論』全9巻（エンゲルス・編／向坂逸郎・訳）岩波文庫、1969〜1970年
ヘーゲル『精神現象学』（長谷川宏・訳）作品社、1998年
マルティン・ハイデッガー『存在と時間』上下巻（細谷貞雄・訳）ちくま学芸文庫、1994年
西田幾多郎『善の研究』岩波文庫、1979年
『The Bible＋聖書 新共同訳／旧約聖書続編つき』日本聖書協会、2009年

『コーラン』全3巻（井筒俊彦・訳）岩波文庫、1957〜1958年
『法華経』全3巻（坂本幸男／岩本裕・訳注）岩波文庫、1962〜1967年
池上彰『世界を変えた10冊の本』文春文庫、2014年
アンネ・フランク『アンネの日記 増補新訂版』（深町眞理子・訳）文春文庫、2003年
マックス・ウェーバー『プロテスタンティズムの倫理と資本主義の精神』（中山元・訳）日経BPクラシックス、2010年
サイイド・クトゥブ『イスラーム原理主義の「道しるべ」』（岡島稔／座喜純・訳＋解説）第三書館、2008年
レイチェル・カーソン『沈黙の春』（青樹簗一・訳）新潮文庫、1974年
ダーウィン『種の起源』上下巻（渡辺政隆・訳）光文社古典新訳文庫、2009年
ケインズ『雇用、利子および貨幣の一般理論』上下巻（間宮陽介・訳）岩波文庫、2008年
ミルトン・フリードマン『資本主義と自由』（村井章子・訳）日経BPクラシックス、2008年
阿刀田高『やさしいダンテ〈神曲〉』角川文庫、2011年
阿刀田高『旧約聖書を知っていますか』新潮文庫、1994年
阿刀田高『新約聖書を知っていますか』新潮文庫、1996年
阿刀田高『コーランを知っていますか』新潮文庫、2006年
加藤周一『読書術』岩波現代文庫、2000年
藤沢晃治『「分かりやすい表現」の技術』講談社ブルーバックス、1999年
藤沢晃治『「分かりやすい説明」の技術』講談社ブルーバックス、2002年
芹沢正三『素数入門』講談社ブルーバックス、2002年
芹沢正三『数論入門』講談社ブルーバックス、2008年
竹内薫『不完全性定理とはなにか』講談社ブルーバックス、2013年
大須賀健『ゼロからわかるブラックホール』講談社ブルーバックス、2011年

佐藤優『読書の技法』東洋経済新報社、2012年
ミラード・J・エリクソン『キリスト教神学』全4巻（宇田進・監修／安黒務・訳）いのちのことば社、2003～2006年
渡部昇一『知的生活の方法』講談社現代新書、1976年
ドストエフスキー『カラマーゾフの兄弟』全5巻（亀山郁夫・訳）光文社古典新訳文庫、2006～2007年
伊藤誠『「資本論」を読む』講談社学術文庫、2006年
泉鏡花『夜叉ケ池・天守物語』岩波文庫、1984年
白水銀雪『泉鏡花 現代語訳集3 天守物語』Kindle／楽天kobo／Reader Store／紀伊國屋WEB STORE、2012年
ダン・ブラウン『ダ・ヴィンチ・コード』全3巻（越前敏弥・訳）角川文庫、2006年
ジョン・ル・カレ『寒い国から帰ってきたスパイ』（宇野利泰・訳）ハヤカワ文庫NV、1978年
ジョン・ル・カレ『ティンカー、テイラー、ソルジャー、スパイ（新訳版）』（村上博基・訳）ハヤカワ文庫NV、2012年
横山秀夫『半落ち』講談社文庫、2005年
横山秀夫『陰の季節』文春文庫、2001年
横山秀夫『64（ロクヨン）』上下巻、文春文庫、2015年
松本清張『黒い手帖』中公文庫、2005年
松本清張『黒い手帖からのサイン』（松本清張傑作選・佐藤優オリジナルセレクション）新潮文庫、2013年
スタニスワフ・レム『ソラリスの陽のもとに』（飯田規和・訳）ハヤカワ文庫SF、1977年
光瀬龍『百億の昼と千億の夜』ハヤカワ文庫JA、2010年

【第5章】

佐藤優／井戸まさえ『小学校社会科の教科書で、政治の基礎知識をいっきに身につける』東洋経済新報社、2015年
大久間慶四郎『大学への世界史の要点』研文書院、1976年

安藤達朗『大学への日本史』研文書院、1973年
安藤達朗『いっきに学び直す日本史 古代・中世・近世 教養編』（佐藤優・企画＋編集＋解説、山岸良二・監修）東洋経済新報社、2016年
安藤達朗『いっきに学び直す日本史 近代・現代 実用編』（佐藤優・企画＋編集＋解説、山岸良二・監修）東洋経済新報社、2016年
全国歴史教育研究協議会（編）『日本史用語集』山川出版社、2014年
『地球の歩き方』シリーズ、ダイヤモンド・ビッグ社
司馬遼太郎『坂の上の雲』全8巻、文春文庫、1999年
尚友倶楽部（編）『寺内正毅宛明石元二郎書翰：付『落花流水』原稿（『大秘書』）』芙蓉書房出版、2014年
千野栄一『外国語上達法』岩波新書、1986年
霜康司／刀祢雅彦『システム英単語 改訂新版』駿台文庫、2011年
石黒昭博（監修）『総合英語Forest 第7版』桐原書店、2013年
森一郎『試験にでる英単語 2色刷デラックス版』青春新書、1997年
山崎貞『新々英文解釈研究 復刻版』（佐山栄太郎・改訂新版）研究社、2008年
川戸昌／二宮加美（編著）『近代文語文問題演習』駿台文庫、2009年
出口汪『出口汪 現代文講義の実況中継 改訂版』全3巻、語学春秋社、2015年

映画・ドラマ

＊ジャンルごとに再整理して掲載しています

【映画】

『人のセックスを笑うな』（井口奈己監督）

『さいはてにて　やさしい香りと待ちながら』（チアン・ショウチョン監督）
『ニシノユキヒコの恋と冒険』（井口奈己監督）
『シン・ゴジラ』（庵野秀明総監督）
『大日本帝国』（舛田利雄監督）
『二百三高地』（舛田利雄監督）
『時代屋の女房』（森崎東監督）
『モスクワ　わが愛』（日ソ合作映画、アレクサンドル・ミッタ／吉田憲二監督）
『ターミネーター：新起動／ジェニシス』（アラン・テイラー監督）
『エージェント：ライアン』（ケネス・ブラナー監督）
『007』シリーズ
『アルゴ』（ベン・アフレック監督）
『白鯨』（ジョン・ヒューストン監督）

【ドラマ】

『八重の桜』（NHK）
『マグマ』（WOWOW）
『闇金ウシジマくん』（MBS／TBS系）
『ずっとあなたが好きだった』（TBS系）
『週末婚』（TBS系）
『MI-5　英国機密諜報部』（原題『Spooks』、BBC）

特別付録3

池上×佐藤式 70+7の極意を一挙公開！

01 新聞は「世の中を知る」基本かつ最良のツール。ネットが普及しても、新聞情報の重要性は変わらない。

02 情報収集の基本は新聞だが、全国紙1紙では不十分。最低2紙に目を通さないと、ニュースの一部しか拾えない。

03 朝は見出しを中心に、新聞全体にざっと目を通す。気になった記事は、あとでじっくり読む。

04 全国紙も客観報道とは限らない。社説とコラムで、新聞社の本音とメディア全体の時流を知る。

05 全国で見ると、地方紙の読者もかなり多い。全国紙は「大都市圏新聞」と考える。

06 地方紙の「死亡広告」「不動産広告」「書籍広告」に注目すれば、土地柄や経済状況が見えてくる。

07 地方紙を読むことで、通信社の情報もカバーできる。通信社はニュースが速く、速報性が非常に高い。

08 通信社は国際面に限らず、すべての分野で強い。ただし、無料サイト「47NEWS」は情報がスカスカ。

09 エリート層が『朝日新聞』を読んでいるのは事実。朝日の論調が嫌いでも「朝日新聞デジタル」は目を通すべき。

10 『読売新聞』は海外面と生活面が充実している。『毎日新聞』は個々の記者の力が強い。

11 『日本経済新聞』が難しい人は、無理せず一般紙から。「自分の知識レベル」から背伸びしすぎないのが大切。

12 定期購読する1紙を決め、あとは駅売りを活用。溜まった新聞は、見出しだけでも目を通す。

13 新聞は「飛ばし読み」が基本。記事を読むかどうか、「見出し」と「リード」で判断し、迷った記事は読まない。

14 「見出しだけで済ませる記事」「リードまで読む記事」「最後の本文まで読む記事」の3段階に分けて読む。

15 電子版を使えば、1紙5分で主要ニュースを押さえられる。紙には切り抜きしやすい、折込チラシなどのメリットも。

16 記事の整理は、切り抜いたあと少し時間を置いて。保管と整理にかける「時間」と「労力」は最少にする。

17 電子雑誌の定額読み放題は、まさに革命。雑誌との付き合い方が劇的に変わる。

18 「知りたいことだけ知れる」のがネットの功罪。雑誌は「興味や関心、視野を広げる」ために役に立つ。

19 雑誌には「娯楽」と「実用性」の要素がある。ただし「雑誌は娯楽で読むもの」と考えるのが基本。

20 週刊誌は「読書人階級のための娯楽」。世の中の雰囲気や流行の話題をつかむのに便利。

21 週刊誌の問題は「情報の真偽」がわからないこと。「信頼できる書き手の記事」を中心に読むのが基本。

22 ビジネス誌の特集は、書籍よりも情報が早い。初動でざっと要点を押さえるのに便利。

23 あらゆる情報が詰まった月刊誌は、日本独自のもの。「論壇カタログ」「企画の宝箱」として活用できる。

24 『フォーリン・アフェアーズ・リポート』は、アメリカ外交を知る格好の媒体。日本語サイトもある。

25 日本語で読める海外情報は、貴重な情報源。まず日本語で読み、気になるものだけ原文を読む。

26 軍事戦争の話には、ビジネスに役立つ内容も多い。『のらくろ』『失敗の本質』『組織の不条理』はおすすめ。

27 雑誌は気になる記事が2〜3本あれば買う。中吊りで判断しないが、影響力の大きさも知っておく。

28 新聞と同じで、雑誌も「拾い読み」が基本。隙間時間には雑誌、まとまった時間には書籍を。

29 雑誌には「理解できない文章」が必ずある。信頼できる書き手の、理解できるものを読むのが大切。

30 【ネットの大原則❶】ネットは「上級者」のメディア。情報の選別には、かなりの知識とスキルが必要。

31 【ネットの大原則❷】「非常に効率が悪い」メディア。同じ時間なら、新聞や雑誌を読むほうが効率的。

32 【ネットの大原則❸】「プリズム効果」に注意する。ネットでは自分の考えに近いものが「大きく」見える。

33 「NHKオンライン」は情報が早い。「ヤフーニュース」は、世間が関心のあるニュースを知るには便利だが、基本は娯楽。

34 ネットは「読む」より「見る」で終わりがち。タイトルで判断せず、中身まで読むクセをつける。

35 グーグル検索はじつは効率が悪いことを知る。ウィキペディアは、内容の信憑性にバラツキあり。

36 調べ物はネット検索よりも、辞書・事典サイトが効率的。「冥王星」の項目で、情報の新しさを判断する。

37 ネットサーフィンとSNSは、インプットの時間を蝕む。時間を確保するには「ネット断ち」「スマホ断ち」も大事。

38 SNSのメリットは、インプットよりアウトプットにあり。正しい日本語で、誰でもわかる文章を書く訓練から始める。

39 ネットは「依存性」も大きな問題。歩きスマホは「ネット依存」「スマホ依存」の表れ、要注意。

40 ネットにつながらない「不自由さ」が知的強化になる。まずは1日1時間の「ネット断ち」から始める。

41 ネットの価値は「まとめ記事」より「原文」にある。マニアックなサイトより、公式サイトを見る。

42 日本語で読める海外サイトはじつはたくさんある。無料サイトだけでも、かなりの情報収集ができる。

43 資料はスキャンして「エバーノート」に保管。スキャンは、テレビなどの空き時間を活用する。

44 【情報整理の大原則❶】「何でも保存」ではなく、保存に値する情報か精査、吟味してから保存する。

45 【情報整理の大原則❷】「とりあえず保存」ではなく、読んだものを保存する。クラウドを「ゴミ箱」にしない。

46 世の中を「理解する」には書籍がベース。いい基本書を熟読し、基礎知識を身につける。

47 書店に並ぶ本の書名と帯を見るだけで勉強になる。「失敗しない本選び」には書店員の知識を活用する。

48 いい本に出合うコツは「本をたくさん買う」こと。本は「迷ったら買う」が原則。本の情報は安い。

49 読むことで優位に立てるのが古典。「読んでいないあなたが悪い」と言えるのが強み。

50 優れた古典は複数の読み方、読み解きができる。難解な本と格闘し、論理的な思考力を身につける。

51 自分の専門分野以外については、「通俗化された良書」で時間を節約する。

52 「読み方」は本の種類で変える。基本書は熟読し、速読の本も「はじめに」「おわりに」は目を通す。

53 「真ん中」部分を見れば、その本の実力がわかる。真ん中に誤植が多い、文章が乱れた本は読まない。

54 効率的な読書には「本を仕分ける」ことが大切。理解できない本は2種類に分けて対処する。

55 1冊を5分で読む「超速読」を駆使して、熟読すべき本か見極め、読む箇所のあたりをつける。

56 1冊を30分で読む「普通の速読」は、重要箇所を1ページ15秒で読み、残りは超速読する。

57 本は線を引き、書き込みをしながら読む。速記用のシャーペン、芯の濃さは2Bがおすすめ。

58 読書ノートには「記憶のトリガー」になる出来事を一緒に書き込むと、関連して本の内容も思い出せる。

59 読書には「ネット断ち」と「酒断ち」が重要。極論をいえば、「酒を飲むのは人生の無駄」。

60 「通勤時間は絶好の読書タイム」と考える。飛行機では思ったより本が読めない。新幹線が最適。

61 読書時間は「心がけ」と「ネット断ち」でつくり出す。「いつか時間ができたら本を読もう」では読めない。

62 本はまず紙で読み、携帯したい本を電子で買う。電子書籍は「移動図書館」「携帯図書館」になる。

63 タブレットはネットサーフィンとSNSの誘惑が強い。電子書籍は、専用端末で読むのがおすすめ。

64 読書で「知の型」「思考の型」を身につける。基礎知識を強化するには、小中学校の教科書が最適。

65 歴史の学び直しには「日本史A」「世界史A」を活用。「基本」と「大まかな流れ」がいっきにわかり、効率的。

66 歴史のメリットは、短期間で通史が身につくこと。数学や物理に比べて、学び直しがしやすい。

67 歴史に興味をもつには『地球の歩き方』も便利。ただし、歴史小説で歴史を学ぶのは厳禁。

68 語学は「読む」「書く」「聞く」「話す」のうち、まずは「読む」「聞く」から鍛えるのが王道。

69 語学に必要なのは「モチベーション」「時間」「お金」。「教養のための英語」では、絶対に身につかない。

70 現代文の教科書・学習参考書を使えば、読解力、論理的思考力をいっきに鍛えられる。

◆ 【特別付録1】「人から情報を得る」7つの極意

1 「斜めの人間関係」を重視する

2 「初々しさ」を出して「いい聞き手」になる

3 数年上の先輩に「白い勉強」と「黒い勉強」を教えてもらう

4 人の話を聞くときは「緩やかな演繹法」でのぞむ

5 複数の「しゃべる人」の断片情報をつなぎ合わせる

6 セミナー、講演会、異業種交流会を上手に活用する

7 飲み会で仕入れた情報は、翌日「知らないふり」をする

おわりに

　私は元外交官で、ロビー活動や情報収集を担当していたので、社交的と見られることが多いが、じつは人と会うのはあまり好きではない。どちらかというと、ひとりで本を読んだり、猫と遊んだりしているほうが好きだ。そのせいか、職業作家になってからも何度も繰り返して会いたいと思う人は、それほど多くない。

　その何度も会いたいと思う数少ないひとりが池上彰氏なのである。

　池上氏は１９５０年８月９日生まれ、私は１９６０年１月生まれなので、世代は一世代異なる。しかし、不思議なほど共通するところが多い。池上氏と一緒にいるとホッとするのだ。その理由について考えてみた。

　第１に池上氏には、同氏の少し上の世代（いわゆる団塊の世代）がもつアグレッシブさがない。

よく言われることだが、団塊の世代の人々は、全共闘運動に代表されるように自分より上の世代の権力と権威に対しては激しく異議申し立てを行ったが、闘争に挫折したあと官庁や大企業、大学に就職すると、一転して過剰に権威主義的になり、自らがつかんだ権力を離そうとしない。

池上氏の古巣であるNHKにもこのタイプの人は多かったと思うが、こういう人たちから池上氏は上手に体をかわし、自分の道を切り開いた。こういう選択は本当に意志力が強く、自信がある人にしかできない。

第2は池上氏が勤勉なことだ。

池上氏に会うと、いつも新しい情報に接することができる。それに池上氏のカバン（同時に紙袋をもっていることも多い）は、いつも本でふくれている。

ただ、私が見るところ、池上氏は「読書のための読書」「教養のための教養」には関心がない。読書や教養は、現実に活かすことができてはじめて意味をもつというプラグマティックな姿勢を池上氏はもっている。

第3は、池上氏の勤勉なプラグマティズムと密接に関係していることだが、教育に対する関心が高い。

大学教師からすると、頭の回転が速く成績がよい学生に教えることは楽しく、有益だ。しかし、池上氏は東京工業大学のようなトップクラスの学生だけでなく、中堅大学の学生に対しても熱心に講義を行っている。これは、できるだけ知識と教養の裾野を広げることが教育者の責務であると池上氏が考えているからだ。

私の場合、護送船団方式の教育は苦手で、どうしてもわかりの早い学生が可愛くなってしまい、そういう学生にはあえて厳しく当たって負荷をかける。そのときに、船足の遅い学生が無意識のうちに視界に入らなくなってしまうことがある。

外務省の研修指導官をつとめているときは、まさにこういう方法で優秀な若手を育ててきたが、高度な交渉能力をもつ外交官やインテリジェンス・オフィサーを育てるような教育法を大学では行ってはならないと、池上氏との対話を通じて反省した。エリート育成的な教育法から私はまだ抜け出せないところがあり、それを懸命に改めようと努力しているところだ。池上氏との出会いがなければ、私がこのような反省をすることもなかったと思う。

第4は、池上氏が価値相対主義を嫌っていることだ。

私はかつて「新人類」と呼ばれた世代（1980年代に大学生活を送った人々）に属するが、この世代の人々と共通の言葉をなかなか見出すことができない。それは、私が1986年6月に日本を出て、英国、ソ連（ロシア）で勤務したあと、日本に戻ってきたのが1995年3月だからだ。

日本はその間、経済的にはバブルの嵐、思想的にはポストモダニズムの洗礼を受けた。私はバブル経済もポストモダニズムも皮膚感覚でよくわからないために、同世代の有識者となかなか話が噛み合わない。これに対して池上氏とはよく話が噛み合う。それは、池上氏が「自分が発した言葉に対して責任をもつ」という伝統的な知識人としてのモラルを保持しているからだ。

そして最後の5番目に指摘したいのは、ポストモダンの時代から現代に至るまで知の世界で猖獗《しょうけつ》を極めている社会学主義と無縁なことだ。

社会学を学んだと自負している人たちは、まともに『資本論』を読んだことがないにもかかわらず、「マルクス・パラダイムの超克」などということを平気で言う。こういう人たちの経済学、哲学に対する知識は底が浅く、あいまいだ。

池上氏も私も、社会学よりは社会科学のインパクトを強く受けている。池上氏は慶應義塾大学経済学部で国家独占資本主義論を専攻していたが、その課程で宇野経済学に出合っている。

池上氏は自らが置かれた状況をできる限り、客観的、実証的に解明して、自分が置かれている社会的地位を知り、それを言語化するというポストモダンが流行する以前の知のあり方に忠実だ。私も同じ方法論に立って世界を見ている。

私の理解では、本書はこのような古典的な方法に基づいて、21世紀を読み解く技法について記したユニークな本だ。方法論的には新奇さに欠けても、現実の国内政治や外交、さらに企業や官庁などは、このような古典的理論によって分析したほうが、対象の内在的論理を正確に分析することができる。

数年にわたる私との対論に付き合っていただいた池上彰氏に深く感謝申し上げます。

本書は東洋経済新報社の傑出した編集者である中里有吾氏の尽力がなくては、このような形で読者の前に姿を現すことにはなりませんでした。どうもありがとうございます。

２０１６年11月4日　京都にて

佐藤　優

【著者紹介】

池上　彰（いけがみ　あきら）

ジャーナリスト。1950年、長野県生まれ。慶應義塾大学経済学部卒業。

NHKで記者やキャスターを歴任、1994年より11年間『週刊こどもニュース』でお父さん役を務める。2005年より、フリージャーナリストとして多方面で活躍中。東京工業大学リベラルアーツセンター教授を経て、現在、東京工業大学特命教授。名城大学教授。2013年、第5回伊丹十三賞受賞。2016年、第64回菊池寛賞受賞（テレビ東京選挙特番チームと共同受賞）。

『伝える力』（PHPビジネス新書）、『おとなの教養』（NHK出版新書）、『そうだったのか！現代史』（集英社文庫）、『世界を動かす巨人たち〈政治家編〉』（集英社新書）など多数の著書がある。

佐藤　優（さとう　まさる）
作家、元外務省主任分析官。1960年、東京都生まれ。同志社大学大学院神学研究科修了。
2005年に発表した『国家の罠 外務省のラスプーチンと呼ばれて』（新潮社）で第59回毎日出版文化賞特別賞受賞。2006年に『自壊する帝国』（新潮社）で第5回新潮ドキュメント賞、第38回大宅壮一ノンフィクション賞受賞。
『読書の技法』（東洋経済新報社）、『獄中記』（岩波現代文庫）、『人に強くなる極意』（青春新書インテリジェンス）、『いま生きる「資本論」』（新潮社）、『宗教改革の物語』（角川書店）など多数の著書がある。

僕らが毎日やっている最強の読み方
新聞・雑誌・ネット・書籍から「知識と教養」を身につける70の極意

2016年12月29日発行

著　者——池上　彰／佐藤　優
発行者——山縣裕一郎
発行所——東洋経済新報社
〒103-8345　東京都中央区日本橋本石町 1-2-1
電話＝東洋経済コールセンター　03(5605)7021
http://toyokeizai.net/

ブックデザイン……上田宏志〔ゼブラ〕
カバー・帯・口絵写真…梅谷秀司／風間仁一郎
ＤＴＰ…………アイランドコレクション
構　成…………藤崎美穂
編集協力………鈴木　充
編集アシスト……上岡康子
校　正…………佐藤真由美／加藤義廣／倉重雅一
印　刷…………ベクトル印刷
製　本…………ナショナル製本
編集担当………中里有吾

Printed in Japan　ISBN 978-4-492-04591-6